일본의 의미

지만원

도서출판
시스템

일본의 의미

발행처 / 도서출판 시스템
발행인 / 지만원

초판1쇄 발행 / 2024년 6월 3일

출판등록 / 제321-2008-00110호(2008. 8. 20)

주소 / 서울특별시 서초구 방배4동 854-26 동우빌딩 503호
대표전화 / (02)595-2563 팩스 : (02)595-2594
홈페이지 : systemclub.co.kr 또는 시스템클럽

잘 못 만들어진 책은 구입하신 서점에서 교환해 드립니다.

일본의 의미

지만원

프롤로그

 **세계에서 유일하게 징징거리는 '징징공화국'**

대한민국 여성이 과거에 일본군에 끌려가 성노예가 되었다.
대한민국 청년들이 과거에 일본에 끌려가 강제 노역을 당했다.
사과하라.
배상하라.

과거 일본에 먹혔던 나라는 한두 나라가 아니라 아시아의 10개국이었다. 중국이 징징대는가, 필리핀이, 싱가포르가, 대만이, 미얀마가 징징대는가? 심지어 우리와 똑같은 처지였던 북한이 징징대는가? 전 세계의 80% 이상의 국가가 왕년에 수십 년, 수천 년씩 식민지로 있었다. 이 많은 국가들 중 식민통치국에 대해 대한민국처럼 징징거리는 국가는 없다. 오히려 개화를 시켜준 데 대해 고마워한다.

덴마크와 일본을 본받아야

나폴레옹에게 광활한 옥토 홀슈타인 지역을 빼앗기고, 나무 한 그루 자랄 수 없는 황무지 위에서 실의와 절망에 빠져있던 덴마크 국민, 프랑스에 징징댄 적 있는가? "밖에서 잃은 것을 안에서 찾자" 구룬트비와 달가스가 선도하는 대로 똘똘 뭉쳐 황무지에 푸른 옷을 입히고 낙농의 신화를 이룩하여 지금은 프랑스보다 더 잘 살고 있고, 일 인당 GNP가 한국의 2배나 된다.

지옥의 폭탄 세례를 받은 일본은 미국이 일본보다 잘난 나라라는 사실을 깨끗이 인정했다. 온갖 멸시의 시선을 참아가면서 줄줄이 깃발을 들고 미국으로 건너가 공장문을 기웃거리며 견학을 했고, 미국이 낳은 품질 이론의 대가들을 줄줄이 초청해 열심히 학습하고 응용하여 미국을 뛰어넘어 산업의 일등국이 되었다. 이것이 자존심 있는 국민의 모습이다. 징징댈 줄밖에 모르는 국민이기에 옛날에 일본이 조선을 주워 가졌던 것이 아니었겠는가!

일본은 다 갚았다

강제징용 배상? 1965년 한일 청구권 협정서 제2 항 및 제3 항에는 '이로써 일본이 한국에 대한 모든 종류의 배상을 했으니 이후 더 이상의 배상 청구는 수용하지 않겠다'는 내용이 기재돼 있다. 2005년 노무현 정부는 민관공동위원회를 설치하여 7개월 동안 청구권 문제들을 연구했다. 그 결과 무상자금 3억 달러 가운데 모든 종류의 피해 배상액이 다 들어있다는 사실을 확인했고, 일본에 더 이상의 배상을 요구하는 것은 '신의 칙상 곤란하다'는 결론을 냈다. 그래서 특별법을 따로 제정해 2007~2015년까지 72,631명의 징용자에 대해 총 6,184억 원을 대한민국 이름으로 배상했다. 이로써 강제징용 문제는 말끔히 끝난 것으로 인식이 굳어져 있었고, 법원도 이 결론을 수용했다. 결국 박대통령은 이 3억 달러를 나누어주는 대신에 한강의 기적을 이룩해내는 데 사용했고, 그 결과 모든 국민이 경제적으로 윤택하게 살고있는 것이다.

 **빨갱이들의 장난질**

그런데, 2018년의 대법원, 공산주의자 김명수 지휘 아래 또 다른 대법관 김능환 주심이 총대를 메고 대한민국을 망신시켰다. 1심과 2심의 판결을 뒤집고 징용 주장자 4명에 대해 1억 원씩의 금원을 일본기업 미쓰비시 등이 직접 배상해야 한다는 악의적 판결을 때린 것이다. 그리고 한국에 투자한 일본 기업의 주식을 차압하기로 했다. 판결이 아니라 찜짜붙기였다. 그러면 노무현 정부의 배상 정책에 의해 대한민국 정부가 배상한 72,631명은 누구이고, 김능환 품에 따로 안긴 4명은 또 누구인가? 참으로 망신스러운 억지가 대한민국이라는 이름을 걸레

로 만들고 있는 것이다. 이런 망신스러운 일을 대한민국 사법부 수장이 저지른 것이고, 행정부 수장인 문재인, 적장인 김정은에 USB를 건네준 내적이 가세한 것이다.

 **일본이 없었으면 박정희도 없었다**

대한민국은 이 세계에서 일본으로부터 가장 많은 혜택을 받은 나라다. 이승만 대통령이 건국할 당시인 1948년, 대한민국 총재산이 27억 달러, 이중 80% 이상인 23억 달러가 일본이 놓고 간 재산이었다. 철로, 도로, 항만, 기업, 건물, 학교, 수도, 전신 전화, 이것들이 없었다면 한강의 기적도 없었다. 문맹인들을 문명인으로 전환시켜 놓은 부분은 화폐단위로 환산이 안 되었다. 1965년 일본은 유·무상으로 8억 달러를 공여했다. 그것으로 경부고속도로, 포항제철, 소양강댐, 호남정유, 공과대학 실험설비, 상하수도 건설 등 사회간접자본과 중화학 공업을 육성했다. 일본의 소재, 부품, 생산기계, 기술 지도에 힘입어 '대한민국을 부흥시킨 5대 공단'을 가동할 수 있었다.

 **일본이 없었으면 전두환도 없었다**

전두환 대통령 시대에는 40억 달러를 저리로 빌려주어, 세계 올림픽 역사상 가장 성대한 국제 올림픽을 치를 시설들을 건설하게 해주었고, 하수구에 불과했던 악취 진동하는 한강을 세계 최상

의 아름다운 호수급 강으로 가꾸게 해주었고, 오늘의 먹거리 산업인 IT, 통신, 전자, 반도체, 원전 산업을 이룩하게 해주었다. 한국이 개발도상국의 신세를 벗어날 때까지 국제금융을 이용해 도와주었다. 이 세계에서 이렇게, 한 나라가 다른 한 나라를 지원한 사례는 한국-일본 말고는 단 한 군데도 없다. 여기에서 뭘 더 달라 징징대는가? 식민지 국가가 되었다는 것이 국제사회에 방송하고 다닐 자랑거리라도 된다는 것인가? 누가 대한민국을 이토록 추하게 만들고 있는 것인가? 바로 이 땅에 기생하면서 자고 깨면 대한민국을 파괴하지 못해 안달하는 김일성 추종자들이다. 이들에 부화뇌동하는 사람들이 얼치기 지식인이고 사이비 언론인이고 붉은 판검사들인 것이다.

코스모폴리탄의 시각

'내 새끼' 의식을 가진 사람은 역사를 쓸 자격이 없다. 이 책은 코스모폴리탄적 시각으로 대한민국의 실상을 공중에서 바라보고 묘사한 책이다. 수치심도 없고, 편협하고, 열등의식 가득한 '징징국민'의 일원이라는 사실이 너무 창피해서 역사적 사실들을 발굴하여 정리한 책이다. 필자는 일본어를 모른다. 이 책에 소개된 일본 관련 지식은 모두 미국의 학자들이 쓴 책들에서 수집한 것이다. 미국의 눈을 통해 일본을 본 것이다. 고정관념에 찌들어 있고, 독서와 사색 문화가 증발돼 버린 이 대한민국 사회에 단 몇 사람이라도 이에 공감하는 독자가 있다면 그나마 다행이고 보람일 것이다.

목차

/ 프롤로그 ··· 5

01/ 그때 일본이 없었다면 ··· 13

02/ 한일 병합은 일본의 어부지리 ··· 23

03/ 근대화의 뿌리 ··· 61

04/ 반일 전쟁의 원흉들 ··· 77

05/ 일본군 위안부 ··· 103

06/ 강제징용 ··· 129

07/ 배울 것 많은 일본의 노력 ··· 143

08/ 한·일 문제의 정리 ··· 193

/ 에필로그 ··· 205

01

그때 일본이 없었다면

일본의 의미

지/만/원

01

그때 일본이 없었다면

2004년 11월, 노무현이 갑자기 반외세 여론몰이를 했다. 얼굴 화장 전문가와 미용 시스템까지 동반하여 40여억 원씩을 써가면서 유럽과 남미 국가들을 돌아다니며 미국을 비방했다. 이에 미국의 조야 인물들이 나서서 "한국 대통령이 막대기로 미국의 눈을 찌르고 다닌다."라며 분노의 감정을 표했고, 미국의 신보수주의 인물들은 노무현을 '시간증 환자'(네크로필리아)라고 비판했다. 동맹을 내치고 시체에 불과한 북한을 사랑하고 있다는 것이었다.

대학자 한승조 교수 멍석말이

이어서 좌파와 언론들이 나서서 일본을 때리기 시작했다. 이들에게 외세는 악이고, 악이 곧 미국과 일본이었다. 일본 때리기(Japan Bashing)의 희생양으로 고려대학교의 저명한 석학 한승조 교수를 선택했다. 한승조 교수는 그해

(2004) 일본 잡지 [정론] 4월호에 '조선이 청나라나 러시아에 먹히지 않고 일본에 먹힌 것은 불행 중 다행'이었다는 요지의 논문을 발표했다. 1년이 지난 이 논문을 문제 삼아 한 교수를 멍석말이한 것이다. 과연 한승조 교수의 논문 요지가 멍석말이 마녀사냥의 대상이었는가? '불행 중 다행'이라는 표현은 무슨 뜻이었는가? 만일 당시의 조선이 청나라에 먹혔더라면, 조선은 지금의 위구르나 티베트처럼 중국의 변방 지역이 되었을 것이고, 조선족처럼 소수민족으로 천대받고 있을 것이 아닌가? 만일 러시아에 먹혔더라면, 러시아의 공산 치하에서 신음하고 있을 것이 아닌가? 당시 조선은 어차피 먹힐 수밖에 없는 운명이었고, 그나마 일본에 먹혔기 때문에 독립을 할 수 있었다. 일본이 미국을 공격하지 않았다면 지금쯤 조선인의 후예인 우리는 일본국 시민으로 살고 있을 것이다. 일본이 조선을 먹고, 미국을 상대로 전쟁을 걸었기 때문에 원자탄 세례를 맞고 조선을 토해낸 것이 역사의 현실이다. 한승조 교수의 논문은 바로 여기까지였다.

 **일본이 없었으면 우리는 지금도 조선족이고 고려족**

여기까지에 무슨 허위사실이 있는 것이고 무슨 논리의 비약이 있는가? 그런데! 이 나라에 태어나 아무런 업적도 쌓지 않은 사람들이 갑자기 나타나더니 모두가 다 애국자가 되고

민족주의자가 되었다. 한 교수를 향해, 그리고 일본을 향해 욕을 많이 하고 분노의 표현을 심하게 할수록 지식인이 되었고 양심가가 되었다. 고려대학교에서 수많은 후진을 양성하고 정부의 외교정책에 많은 기여를 했던 한 교수는 어느 한순간에 날벼락을 맞았다. 한국판 인디언 원주민들에 의해 교수목에 매달려, 뭇사람들로부터 돌멩이 공격을 당한 것이다. 그의 가족들, 아버지와 남편의 보호를 받다가 갑자기 가장을 원망했을 수도 있었을 것이다. 1999년 갑자기 한겨레21 고경태 기자가 구수정이라는 무명의 여성을 통신원으로 앞세우고, 한홍구와 강정구를 간판으로 내세워 주월 한국군을 베트남 학살자로 몰아갔을 때, 참전 용사들은 고엽제에 신음하면서도 부인과 자식들로부터 멸시를 받았다. 한승조 교수도 파월 장병들이 당했던 동류의 괴로움을 당했을지 모른다. 그와 그 가족은 아파트에서 살지 못하고 산간벽지에 여러 해 동안 귀양가 있었다. 이것이 조선인 후예들이 물려받은 멍석말이 전통이었다.

비문명 패거리 세상

역사에 대한 평가는 코스모폴리탄, 세계인의 위치에서 객관적으로 내려야 한다. 아이들 싸움에 끼어들어 무조건 내 자식 편을 드는 비문명인의 자세를 가진 사람은 역사를 평가할 수 있는 자격을 잃은 사람이다. 그렇다면 한승조 교수의 역사관에 돌을 던진 사람들은 어떤 사람들이었을까? 코스모폴리탄 시각으로 개화된 사람들이 아니라 패거리 의식에 찌든 비문명인들이었다.

1894~1895년에 치른 청일전쟁에서 만일 일본이 패했다면, 1904~1905년의 러일전쟁에서 만일 일본이 패했다면, 우리는 지금 조선족으로 또는 고려족으로 푸대접 받으면서 가난한 생활, 비문화권 생활을 하고 있을 것이다. 조선족이 좋은가? 고려족이 좋은가? 아니면 지금의 대한민국 국민이 더 좋은가? 지금의 대한민국 국민으로 살게 된 것을 천만다행이라고 생각하지 않을 사람 없을 것이다. 한승조 교수의 논문은 여기까지를 말한 것이다. 구한말 조선에 왔던 스웨덴 학자 스텐베리만 역시 한승조 교수와 똑같은 견해를 피력했다. 그런데 이 논리적인 역사평가 내용에 대해 2005년의 대한민국 국민들은 왜 그렇게 비문화권 인종처럼 거칠게 행동했는가?

일본이 없었으면 최빈국

오늘의 대한민국 국민은 어떤 국민인가? 경제 10대 강국의 부유한 국민이고, 1980년대에 올림픽 역사상 가장 성대한 국제올림픽을 치렀고, 세계에서 가장 크고 아름다운 한강 문화권을 즐기고, "나는 한국인이다" 자랑스럽게 휘젓고 다니는, 지구촌의 유지가 대한민국 국민이 아니던가? 저절로 이렇게 되었는가? 일본에서 해방된 지 15년이 지난 1960년의 대한민국은 어떤 나라였나? 세계에서 인도 다음으로 못 사는 거지 국가였다. 그 거지 국가에는 어떤 자산들이 있었는가? 논과 밭이 있었다. 그 외에 무엇이 있었는가? 학교, 도로, 철로, 항구 그리고 기업들이 있었다. 논과 밭은 하늘이 준 것이고 나머지 사회간접자본과 기업들은 누가 준 것인가? 일본이 36년 동안에 걸쳐 만들어놓고 간 것이다.

이승만 대통령이 건국했던 1948년, 대한민국 총자산은 겨우 27억 달러, 4억 달러는 논과 밭이었고 23억 달러는 일본이 놓고 간 자산이었다. 일본이 남기고 간 자산 23억 달러, 그것이 대한민국 전체 자산의 80%를 넘었다. 이 23억 달러어치의 사회간접자산마저 없었다면, 대한민국은 인도보다 더 거지 나라가 돼 있었을 것이다. 박정희 대통령이 이룩한 한강의 기적은 이 23억 달러의 자산 위에 쌓아 올린 것이었다. 1965년 한일협정이 체결됐을 당시 일본은 한국에 3억 달러를 무상으로 주었고 5억 달러는 차관으로 꿔주었다. 1965년 한일 협정이 체결될 때까지 일본은 이 23억 달러가 일본에 귀속돼야 할 '귀속 자산'(Vested Property)이라며 돌려달라 끈질기게 요구했다. 그러다가 1965년 체결된 협정에서 이에 대한 소유권을 포기한 것이다.

 일본이 없었으면 한강 기적도 없어

박정희 대통령은 일본으로부터 1965년에 추가로 받은 돈으로 무엇을 했는가? 한강 기적의 초석을 마련했다. 일본의 돈이 있었기에 경부고속도로가 건설됐다. 일본의 돈이 있었기에 포항제철, 호남정유, 나주비료 등 중화학 공업의 발판을 마련할 수 있었다. 포항제철, 등소평이 그토록 갖고 싶어 하면서 일본에 "중국에도 똑같은 제철소 하나 지어달라" 사정했지만 거부당한 세계적인 제철소, 일본 돈과 일본 기술, 일본의 기술지도와 소재와 부품과 설계와 스펙 자료를 가지고 모래밭 위에 세워진 기적이었다. 일본이 없었다면, 일본이 저 멀리 아프리카 희망봉에서 우리와는 아무런 관계없이 사는 나라였다면, 일본 돈도 없었고, 일본 기술도, 일본 스승도, 자재도, 부품도, 설계도면도 없었을 것이다. 일본 돈과 일본 기술로 세계 제4위의 소양강댐과 충주댐을 건설했다. 박정희 대통령의 천재성과 용기는 바로 일본의 힘을 이용하는 데에서 빛을 발했다. 이승만 대통령이 국가안보를 위해 미국의 힘을 최대한 이용했듯이, 박정희 대통령은 경제성장을 위해 일본의 힘을 최대한 활용한 것이다.

대한민국의 경제성장은 일본을 빼고는 설명이 안 된다. 박정희 대통령의 소원은 국산화! 독자적인 생산 기반을 마련하는 것이었다. 창원, 구미, 울산, 인천, 안산 등에 대규모 공단을 설치하고, 세계적인 기능공을 양성한 후 외국 선진기업들의 투자를 유치했다. 공단의 대부분을 일본 기업들이 채워주었다. 기술 지도도 일본으로부터 가장 많이 받았다. 선진국에서는 한물간 사양제품(sunset item)을 모방 생산시켰다. 기술자료 TDP(Technical Data Package)를 배로 실어와 기업들에 배당했다. 일본으로부터 들여온 제품들이 가장 많았다. 일본의 소재, 일본의 부품, 일본의 생산 기계가 아니면 공장이 쉬었다. 한강 기적의 원동력인 대규모 공단, 일본이 빠져나갔다면 텅텅 비어있을 공간이었다. 산업인들이라면 이 일본의 중요성을 모두 인정할 것이다. 한마디로 일본이 없었으면 한강의 기적도, 조국 근대화도 없었다. 그런데! 왜 국민들은 일본을 증오하는가? 오염되고 세뇌되었기 때문이다. 아래한글에서 '일제'까지만 타자치면 자동적으로 '일제 강점기'로 표시된다. 일본이 아름다운 조선을 강제로 점령하여 물자와 육체를 강탈했다는 것을 각인시키기 위한 공작이다. 하지만 조선은 아름답지가 않았다. 아름답기는커녕 지옥이었다. 학대받는 백성을 살리려면 조선왕조는 빨리 망해야만 했었다. 결과론적으로 보면 일본은 조선을 강점한 것이 아니라 조선 노예를 학대와 문맹으로부터 해방시킨 것이다.

02

한일 병합은 일본의 어부지리

일본의 의미

지/만/원

02 한일 병합은 일본의 어부지리

02
한일 병합은 일본의 어부지리

 **군대 없는 조선**

어부지리, 날이 개자 조개가 입을 벌리고 햇볕을 즐기고 있었다. 이때 주둥이가 긴 도요새가 조갯살을 쪼았다. 조개가 입을 갑자기 닫았다. 도요새는 놓아달라 하고 조개는 오기로 놓아주지 않았다. 이렇게 둘이 정신없이 싸우고 있을 때 망태기 울러 맨 어부가 지나갔다. 이게 웬 떡이냐, 조개도 잡고 새도 잡고.

동인과 서인이 서로 모략하여 싸웠고, 동인은 또 남인과 북인으로 나누어 싸웠고, 대원군과 민비가 뒤엉켜 싸웠다. 이조 518년 동안 1,000건 이상의 역모 사건이 있었다. 1년에 두 번, 사건이 발생할 때마다 피비린내가 났다. 역모에 얽히면 모두가 양반의 노예가 됐다. 노예 지옥이 바로 조선이었다.

1392년 이성계가 쿠데타를 일으켜 고려의 충신들과 실세들을 노예로 삼았다. 1432년부터는 세종대왕이 '노비종모법'을 강행했다. 출생자들 모두가 어머니의 신분을 따랐다. 양반이 열 명의 노비 여성으로부터 아이를 생산하면 열 명의 노비 여인이 낳은 수십 명의 자식들이 다 노예가 되었다. 양반 한 사람이 수천의 노비를 거느렸다. 반반한 여인을 취하면 그 여인이 바로 자기가 낳은 딸이었다. 노예는 인간이 아니라 가축의 일종이었다. 소나 당나귀 값의 30%, 50%에 거래됐다. 인구의 90%가 노예였다.

위키 자료를 보면 1910년 일본에 의한 호구조사가 있었고, 총가구수 289만 4,777호 가운데 양반이 54,217호, 전체의 1.9%였다. 나라가 침략당했을 때 낫이라도 들고 나가 싸우는 사람은 모두 노예. 관청이 거느리는 관노예, 양반 개인들이 기르는 사노예들이었다. 이들은 양반에 대한 두려움만 있을 뿐, 주인에게나 국가에 충성할 마음이 없었다. 적군이 빵을 주면 적군의 병사가 되었다.

1653년으로부터 1666년까지 13년 동안 전라도 땅에서 살고 갔던 네덜란드인 하멜이 쓴 '하멜 표류기'에 따르면 청나라가 침범했을 때 적과 싸운 사람들보다 산으로 도망가 목매달아 죽은 병사가 더 많았고, 옆에서 한 사람만 쓰러지면 모두가 줄행랑을 쳤다고 한다. 노비들에게 무슨 애국심이 있고, 무슨 훈련이 있었겠는가? 그렇다고 양반이 나가 싸웠겠는가? 아무도 싸우려 하지 않는 나라, 줍는 사람이 임자가 되는 것이 아니었겠는가?

 세계와 동떨어진 가두리 나라

1,600년 전후, 이태리 과학자 갈릴레오 갈릴레이가 지동설을 주장했을 때, 조선 왕 선조는 임진왜란을 맞아 중국으로 도망을 가겠다고 투정을 부렸다. 영국의 뉴턴이 만유인력의 법칙을 내놓았을 때, 16대 인조는 병자호란을 당해 적장 앞에 무릎을 꿇고 빌었다. 영국을 위시한 구미에서는 산업혁명(1750~1830)이 지각을 변동시키고 있을 때, 영조는 아들을 뒤주에 넣어 굶겨 죽였다. 22대 왕 정조 때(1776-1800)에는 미국이 영국으로부터 독립을 선언했고, 프랑스에서는 대혁명이 발생했다. 23대 순조 때(1800-1834)에는 영국에서 증기기관차가 레일 위를 달렸고, 프랑스에서는 나폴레옹 시대가 열렸다. 25대 철종(1849-1863), 대원군이 세도정치를 할 때, 미국에서는 남북전쟁이 발생했고, 에디슨의 발명 시대가 열렸으며 일본에서는 메이지 유신 체제가 들어서 일본을 열강의 반열에 올려놓았다. 26대 고종 때인 1885년에는 이토 히로부미가 일본제국의 초대 내각총리대신이 되어 청일전쟁(1894-1895)과 러일전쟁(1904-1905)에서 각각 승리했고, 1905년에 을사보호조약을 체결했고, 27대 순종이 한일병합조약으로 조선시대를 마감했다.

조선 왕들에는 왕실만 중요했지, 백성도 땅도 중요하지 않았다. 그래서 왕실을 지켜줄 군대도 없고 국민도 없었다. 국가는

커녕 왕실 자체마저 보존할 능력이 없었고, 끝내는 왕 자신을 지켜줄 신하가 없어, 아관파천, 러시아 공관으로 혼자 피신하기도 하고, 영국 공관, 미국 공관 등으로 피신하는 추태를 부리다가 일본에 왕실의 안전만을 부탁하고 조선을 내준 것이다. 이 나라 공관, 저 나라 공관으로 피신해 다니는 왕에게는 그 가족조차 안중에 없었다. 1910년 8월 29일 공포된 순종 칙서, 왕실을 보존하기 위해 조선을 일본에 스스로 바친 문서였다. "짐이 결연히 내성하고 확연히 스스로 결단을 내려 이에 한국의 통치권을 종전부터 친근하게 믿고 의지하던 이웃 나라 대일본 황제 폐하에게 양여하여 밖으로 동양의 평화는 공고히 하고 안으로 팔역(八域)의 민생을 보전하게 하니 그대들 대소 신민들은 국세와 시의를 깊게 살펴서 번거롭게 소란을 일으키지 말라…"

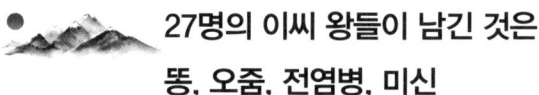

27명의 이씨 왕들이 남긴 것은 똥, 오줌, 전염병, 미신

조선 왕 27명이 518년 동안 통치한 직후의 조선은 어떻게 생겼는가? 지금의 서울 사대문 안에는 종로도 을지로도 없었다. 초가집들이 다닥다닥 붙어 있었고, 집을 피해 동네길이 꼬불꼬불 나 있었다. 거리에는 사람의 똥과 오줌, 가축의 배설물들이 벌창해 있어서 이리저리 땅을 골라 발을 옮기면서 다녔다. 여성들은 맨발에 가슴을 드러내놓고 치마끈을 명치 밑으로 맸다. 우물에는 똥과 오줌이 스며든 악취나는 물이 고여 있

없고, 그것을 마셨다. 전염병이 창궐해 있었다. 수돗물이라는 것은 일본 통치하에서 생겨났다. 왕은 양반에게 노예를 상으로 내렸고, 궐 안에도 성병이 나돌았다.

상투 속에 이가 많아야 건강하고 잘 산다는 미신을 믿었고, 아프면 미신으로 벗어나려 했다. 말라리아에 걸리면 발바닥에 아버지 이름을 썼고, 사람의 형상을 그려놓고 복부에 칼을 꽂아 두었다. 눈병이 나면 그림을 그려놓고, 눈에 못을 박아 놓았다. 홍역에 걸리면 옷가지를 나무에 걸어 놓았다. 배가 아프면 개구리 세 마리를 산 채로 먹었고, 원숭이에게 말을 하게 하려고 수은을 먹였다. 12세 이하의 아이의 변을 약재로 사용했다. 상투에 이가 끓고, 냄새가 진동하여 1897년, 고종과 황태자 순종이 먼저 모범을 보여 머리를 깎고, 내무대신 유길준이 고시(단발령)를 내려 머리를 깎으라 했지만, '신체 발부는 수지부모'라는 성리학자들의 격렬한 반대로 시행되지 못했다. 1900년 전국적으로 시행되기까지 3년이나 걸렸다. 역대 학교 교사들은 이 '단발령'마저 일본의 만행 사례로 가르쳤다. 민족 고유의 전통을 파괴하는 민족 말살 정책이었다는 것이다.

지금도 위키백과 등에는 '창씨개명'을 일본이 강요하여 80% 정도가 강제로 창씨개명을 했다며, 민족 말살 정책을 폈다고 기재돼 있다. 하지만 1940년 3월 6일 자 동아일보(석간)에는 제7대 조선 총독인 '남 총독'은 1939년의 조선총독부가 공포한 '조선민사령개정령'(개정령 19호)에 대해 "창씨개명의 기회만 제공하고, 강제 실시하지 말라. 일반의 오해를 일소하라."라는 지시를 내렸다. 절대로 강제 실시하지 말고, 그런 오해를 받지 않도록 하라는 당부사항이었다. 이 시기에 조선이 일본에서 해방될 것이라고 믿는 조선인은 거의 없었다.

일본이 조선노예 해방시켜

1912년 총독부는 '조선민사령'을 공포했다. 일본의 민법, 민사소송법, 상법을 조선에 실시함으로써 사또가 재산 뺏는 짓을 금지시킨 것이다. 총독부는 조선이 자치를 할 수 있도록 면장의 100%, 시장과 군수는 70%를 조선인들로 임명하고, 조선인 범법자를 함부로 주리 틀지 못하게 했다. 1922년 조선 호적법(조선총독부령 제154호 시행 1923.1.1.)을 제정 공포하여 떡쇠, 마당쇠, 이쁜이, 떡분이 등 노예에게 독립적인 호적을 만들어 주었다. 조선인 노예들을 모두 해방시켜 준 것이다. 미국에서는 노예를 해방시키기 위해 1861년에서 1865년에 걸쳐 피비린내 나는 남북전쟁을 치렀지만, 매우 고맙게도 조선 노예들은 1922년 일본의 개화정책에 의해 일제히 해방된 것이다.

사람들은 일본이 조선어를 말살하려고 한글을 사용하지 못하게 한 것으로 알고 있다. 한글의 전신은 '언문'이었다. 조선시대에 언문을 사용하면 곤장을 치고 주리를 틀었던 존재는 일본이 아니라 조선 왕들이었다. 연산군 이후의 모든 왕들이 언문 사용을 금지시켰다. 조선왕조실록 연산 15책 54권(1504.7.20.)에는 '앞으로 언문을 가르치지도 말고 배우지도 말며, 이미 배운 자도 쓰지 못하게 하며, 모든 언문을 아는 자를 한성의 5부로 하여금 적발하여 고발케 하되, 알고도 고발하지 않는 자는 이웃 사람을 아울러 죄 주라.' 투서가 너무 많아 왕이 귀찮으니 언문을 배우지도 쓰지도 못하게 한 것이다.

조선 왕들이 금지시킨 한글, 일본이 장려해

반면 1921년 3월 12일 자 동아일보에는 총독이 조선어를 장려하기 위해 조선어 시험을 보게 하고, 합격한 사람들에게 수당을 지급한다는 광고가 나와 있다. 1922년 7월 12일 동아일보에는 조선어 장려 규정이 공표돼 있다. 일본 총독은 1928년에 10월 9일을 한글날로 선포하여 한글을 높이 대우해 주었다.

일본 최고 은행권 1만 엔에는 1983년부터 2023년까지 후쿠자와 유키치 초상이 인쇄돼 있었다. 그는 1870년경, 옥스퍼드 영영사전을 영-한문 사전으로 전환했다. 서양 문물을 도입하기 위해서는 절대적인 수단이었다. 후쿠자와 유키치는 조선 유학생 제1호인 유길준에게 이 영-한문 사전을 영-한 사전으로 만들어 사용하라고 가르쳐 주었다. 병합 이전의 조선에는 잘해야 마을에서 천자문을 가르치는 서당이 있었다. 하지만 일본은 전국 방방곡곡 유치원을 짓고 초등학교와 중·고등학교를 지었다. 교과서라는 것이 처음 생겼다. 1911년에는 취학률이 제로였지만, 1945년에는 64%, 1948년에는 74.8%로 급증했다. 양반들과 부모들은 자식 교육을 방해했지만 일본은 교육을 장려했다. 교육의 보급이 근대화의 첫걸음이라는 말은 후쿠자와 유키치가 유길준에게 강조해준 말이었다.

왕이 없어야 조선인 행복

위키 인용집에는 후쿠자와 유키치의 대조선 어록이 실려 있다. 조선 백성을 사랑하는 마음이 배어난다. "1884년, 인간 사바세계의 지옥이 조선의 경성에 출현했다. 나는 이 나라를 보고 야만이라 평하기보다 요마악귀의 지옥국이라 평하고자 한다. 조선은 아시아의 일소 야만국으로서 그 문명의 상태는 우리 일본에 미치기에는 너무 멀리 뒤떨어져 있다. 이 나라와 무역을 해서 이로울 게 없다. 이 나라와 교류해서 우리가 얻을 것은 하나도 없다. 조선 인민은 소와 말, 돼지와 개와 같다. 조선은 가령 그들이 우리에게 와서 우리의 속국이 된다 해도 반갑지 않은 나라다. 조선은 상하 모두가 문명이 무엇인지 알지 못한다. 그 나라의 질을 평가한다면 한문 글자만 아는 야만국이라 하겠다. 조선인은 완고하고 편협하며 사리에 어두우며 거만하다. 조선은 하루라도 빨리 멸망하는 쪽이 하늘의 뜻에 부합되는 일이다. 조선 백성을 위해서라도 멸망은 축하할 일이다. 그래도 조선 백성을 위해서라도 우리가 이끌어 주어야 한다. 그 백성들은 완고하기 짝이 없으므로 무력을 사용해서라도 진보하도록 도와주어야 한다. 조선인들은 포악하고 무기력하다. 러시아나 영국의 백성이 되는 것이 행복할 것이다. 조선은 썩은 유학자들의 소굴로 국민은 노예처럼 살고 있다."

 **선진 내국인이 본 조선**

박제가(1750~1805, 영조시대 실학파) : 한양에는 수레가 없어서 오물을 쉽게 퍼가지 못하므로 백성은 냇가나 거리에 똥오줌을 버린다. 도성의 물맛이 짠 것은 바로 내다 버린 똥오줌 때문이다. 다리 밑을 보면 사람의 똥이 덕지덕지 달라붙어서 웬만한 비에도 씻기지 않는다. 백성들은 고된 노동에 열 손가락 모두 뭉툭하게 못이 박혀있지만, 입고 있는 옷이라고는 십 년 묵은 헤진 솜옷이 전부이며, 먹는 것이라고는 깨진 그릇에 담긴 밥과 간도 하지 못한 나물뿐이고 부엌에는 나무젓가락과 빈 항아리만이 놓여 있을 뿐인데, 이유는 간단했다. 무쇠솥과 놋수저는 조선 공무원이 빼앗아갔고, 군포 대신에 동전 2.5냥씩을 해마다 양반 관리들에게 납부해야만 했기 때문이다.

김옥균(1851~1894) : 조선을 방문한 외국 사람들은 "조선에서 가장 무서웠던 것은 길에 가득한 사람과 똥오줌이다."라고 말한다. 관청에서 민가의 마당에까지 오물 천지로 역겨운 냄새가 코를 찌르는데 어찌 외국 사람들의 비웃음을 받지 않겠는가.

윤치호(1863~1945) : 수치스러운 조선의 역사에 대하여 더 알면 알수록 현 정부하에서는 개혁의 희망이 없음을 확신하게 된다. 정부는 500여 년 동안 국가의 향상을 위하여 행한 것이 아무것도 없다. 한국에 있어서 가장 깊게 자리 잡고, 가장 널리 퍼진 악은 거짓말이다. 한국인은 머리가 비었는데도 잘난 척하고 싶어 몸이 달아오른다. 대중목욕탕 하나 운영하지 못하는 우리가 현대 국가를 다스리겠다고? 나와 다른 것, 그것을 인정하지 못하는 자들이 민주주의 국가를 경영하겠다고? 한국인들은 자기 잘못을 인정하기보다 고집부리고 변명하기에 급급하다. 그래야만 자신의 체면, 자존심이 선다고 착각까지 한다. 무능하고 가렴주구를 행하는 조선인 정부와 유능하고 착취하지 않는 일본인 정부 중에서 택하라면 나는 일본 정부를 택할 것이다. 한국인은 10%의 이성과 90%의 감성으로 살아간다. 조선인의 특징은 한 사람이 멍석말이를 당하면 그 사람에 대해서 알아보려고는 하지 않고 다 함께 달려들어 무조건 몰매를 때리고 보는 것이다. 조선인과 대화하느니 차라리 벽을 보고 대화하는 게 낫다. 벽은 뒤에서 험담하지는 않는다. 지역감정 하나로만 봐도 조선은 독립할 자격이 없다. 내 나라 자랑할 일은 하나도 없고, 다만 흉잡힐 일만 많으매 일변 한심하며, 일변 일본이 부러워 못 견디겠도다.

박중양(1872~1959, 대한제국과 일본제국의 관료) : 두뇌가 공허하여도 아는 체하는 것이 조선인들의 병이다. 하등 자신감도 능력도 없는 자가 사람들을 비판, 악평하는 것이 조선인의 버릇이다. 말만 그럴싸하게 하는 놈치고 사기꾼, 협잡배가 아닌 놈 없으며, 정의로운 척하면서 자신의 무능력을 숨기지 않는 놈이 없다. 말보다 그 사람의 행동을 먼저 살펴봐라. 타인의 말을 듣기보다 그 사람을 직접 상대해보고 판단할 것이다. 한국인들은 자기 가족들에게 민폐를 끼치는 것을 너무나도 당연하게 여긴다. 애국자를 박해하다 못해 처참하게 죽이는 그런 국가, 그런 정부에는 애국할 필요가 없다. 명나라의 속국을 자처하고, 명나라와 청나라에 공녀와 인삼, 금은 등의 조공을 바친 것은 왜 아무도 비판하지 않는가? 국민을 배려하지 않는 국가, 정부는 존재할 필요가 없다. 이런 국가에는 충성할 필요도 없다. 김옥균, 박영효, 서재필, 윤치호 등 개혁파들은 무죄다. 이완용은 국난을 당하여 나라를 부지하고 백성을 구한 선처를 한 사람이다.

민원식(1886~1921, 언론인, 사상가) : 만세 운동만 부른다 해서 조선이 독립되는 것은 아니다. 3.1운동은 민족자결의 새 용어를 오해한 데에서 일어난 망동이고, 현 상태에서는 독립이 불가능하다. 따라서 조선민족은 일본제국 국민의 한 사람으로서 국헌과 국법을 존중하며 개인독립의 실력을 양성해야 한다. 조선에서는 지배층이 부패했지만, 민중도 우매하고 미신에 빠졌다. 조선이 독립을 한다 해도 서구의 민주주의 사상이나 일본의 문물과 가치관을 학습하지 않는 한 조선은 다시 미개의 나락으로 떨어질 것이다. 우드로 윌슨은 미국인이지 조선인이 아니다. 그가 왜 조선의 독립에 관심을 갖겠는가? 그의 민족자결주의는 조선과 아무런 상관이 없다. 윌슨의 민족자결주의는 패전국이 점령했던 나라들에 한한 것이었다. 식민지 조선은 패전국의 식민지가 아니라 승전국 일본의 내국 문제다. 일본인과 조선인 사이에 차별 대우가 존재하는 것은 당연하다. 왜냐하면 양자 사이에는 경제력과 학력 수준에서 차등이 존재하기 때문에, 정치 경제 사회적으로 차별 대우가 생기는 것은 자연스런 이치다. 조선인 스스로가 지적 능력과 분별력을 갖추지 못한 것도 문제다. 유언비어에 쉽게 현혹되고, 사리 판단보다는 낭설과 미신에 의존하는 인간들이 차별 대우를 받는 것은 너무나 당연한 현상이다.

현재의 조선인 후예들

해외 단체관광을 나가면 공항에서부터 시끄럽게 언성들을 높인다. 남의 나라 관광자원에 낙서를 한다. 거짓말이 생리화돼 있다. 사드 배치를 하지 못하게 하기 위해 민주당 의원 8명이 중국에 가서 한국 정부에 압력을 넣으라 호소했다. 김대중과 김영삼은 미국에 원조를 중단하고 박정희 정권을 없애달라고 호소하고 다녔다. 백악관 홈페이지에 접속하여 박근혜 탄핵에 대한 댓글을 올려 미국인들을 짜증나게 했다. 유엔본부에 편지를 써서 천안함 폭침은 남한 정부의 소행일 뿐 절대로 북한의 소행이 아니라고 주장했다. 미국 쇠고기를 먹으면 뇌에 구멍이 숭숭 뚫려 탁 치면 산산조각이 난다며 광화문을 100일 이상 더럽혔다. 미국이 전두환을 사주하여 5.18학살을 배후 조종했다며 미 문화원에 불을 질렀다. 대통령들이 적장과 내통하여 이적행위를 버젓이 저질렀는데도 그런 대통령들을 존경한다는 민중이 너무 많고, 그 민중에는 우익이라는 대통령도 끼어 있다. 박정희 대통령과 전두환 대통령의 경제개발 덕분으로 옷과 먹는 것들은 화려해도 영락없는 조선인들이다. 지금의 대한민국은 졸부 공화국, 그 이상도 이하도 아니다.

반면 일본은 어떠한가? 일본의 서민주택가 도로변 배수로에는 붕어들이 노닐고 있다. 협궤를 다니는 일본 전철 칸은 코와 코가 맞닿을 정도로 협소해도 사람들은 책장 넘기는 소리까지 이웃에 폐가 될까 조용히 넘기며 독서를 한다. 커피숍 의자는 안락하지도 않고 탁자가 비좁은데도 일본인들은 오랫동안 앉아 공부를 한다. 길을 물으면 헌신적으로 안내해 준다. 거리에 침을 뱉지 않는다. 어려서부터 배우는 것은 이웃에 폐를 끼치지 말라는 것과 깍듯한 예의다. 일본이 조선에 가장 먼저 가르친 것도 청결, 배려, 질서였다.

외국 인물들과 옛 문헌에 비쳐진 조선

헨드릭 하멜(1630~1692) : 17세기, 조선의 전남지역을 13년 동안 관찰한 하멜의 표류기. 당시 유럽 국가들에 베스트셀러가 됐었다. 네덜란드인 하멜이 대만에서 일본 나가사키로 항해하다가 태풍을 만나 제주도에 표착한 다음 13년 동안(1653~1666) 강진, 여수 등 전남지역을 떠돌아다니면서 겪었던 일, 보았던 일들을 기록한 책이다. 그의 나이 23세에서 36세까지 조선 땅에 억류돼 있으면서 겪고 관찰한 것들이기에 그의 관찰기는 신뢰를 받았다.

"조선인은 훔치고 거짓말하며 속이는 경향이 너무 강하다. 남을 속이면 그것을 부끄럽게 생각하는 것이 아니라 아주 자랑스럽게 생각한다. 그들은 국가가 뭔지도 모른다. 청나라가 쳐들어왔을 때, 싸우려고는 하지 않고, 산으로 도망쳐 목을 매서 먼저 죽었다. 누군가 옆에서 화살을 맞고 쓰러지면 모두 달아났다. 남자는 아이를 여러 명 낳은 아내를 내버리고 다른 여자들을 취해 첩을 많이 거느리고 여자를 종처럼 부린다. 조선은 청나라에 예속돼 있지만 안에서는 초법적인 절대자 노릇을 한다. 양반의 수입은 농사이고, 농사는 노예가 짓는다. 노예가 인구의 절반을 훨씬 넘는다. 2천, 3천 명의 노예를 거느린 양반도 있다. 조선인들은 의례 중국 천황의 지배를 받는 것을 숙명으로 알고 있다. 세계에는 1, 2개 나라만 존재한다고 믿고 있다. 청나라보다 강한 나라가 세계에는 아주 많다고 말해주면 누구도 믿지 않는다. 죄를 지은 여인을 한길 가에 어깨까지 파묻고 그 옆에 나무톱을 놓았다. 지나가는 사람들 모두가 한 번씩 톱을 들고 그녀의 목을 베고 갔다. 여자가 죽자 식초와 구역질 나는 폐수를 섞어 범죄자의 입에 물려 깔대기로 들여 부은 후 배가 뺑그래지면 부어 오른 배가 터질 때까지 매질을 한다. 다른 남자의 아내를 데리고 자면 사형에 처한다. 남자들은 질투심이 많아 여자를 친구에게도 보여주지 않는다. 범인이 된 남자는 뒤에서 찔려죽기를 원하고 여자는 목을 찔러 죽기를 원한다. 국왕에게 세금을 제때 내지 못한 사람은 다 낼 때까지 그리고 죽을 때까지 매월 2~3회씩 정강이뼈를 얻어맞는다. 맞다가 죽으면 일가친척이 다 갚아야 한다. 사찰(절)은 양반들이 기생들을 데리고 노는 장소다. 매음과 술판이 벌어지는 곳이다. 전염병이 걸린 사람은 마을 밖 외딴집에 가두어 놓는다. 외딴집 근처를 지나가는 사람들은 꼭 침을 뱉고 간다. 그렇게 죽는 것이다. 담배는 남자도 여자도 어린이도 다 피운다."

호러스 뉴턴 알렌(1858~1932, 미국 선교사) : "일찍이 구만리를 돌아다니고, 4,000년 역사를 훑어보았지만, 한국 황제 고종과 같은 사람은 처음 본다. 조선 사람은 음모의 명수다. 어머니 젖꼭지를 물고 있을 아기 때부터 음모를 배우는 것 같다. 서울의 부자가 사는 기와집 앞에는 하수로가 있는데, 채소와 쓰레기들로 채워져 악취가 진동했다. 거리에는 사람의 배설물과 동물의 배설물로 악취가 진동했다. 그런 길을 대감들이 가마를 타고 다닌다. 이런 비위생 상태이기 때문에 콜레라와 페스트 등 전염병이 끊이지 않았다. 거리는 비좁은 흙탕길, 거기에 사람과 짐승의 배설물이 범벅이 되어 숨조차 쉬기 어렵다. 이런 길을 오가는 남녀들은 헝크러진 머리에 웃통을 벗고, 맨발이며 바지에서는 냄새가 진동했다. 여자는 앞이 짧은 저고리만 걸쳐서 젖을 다 노출하고 다녔다. 옷 한 벌이 잠옷이고, 작업복이고, 외출복이었다. 그나마 아끼느라고 여름이면 바지만 입고 다 벗었다."

호러스 그랜트 언더우드 부부(1859~1910, 연세대 창립자) :
"집집마다 버려진 똥오줌과 하수 때문에 도랑에는 초록색 점액질의 걸쭉한 오물이 고여서 지독한 냄새가 났다. 그 더러운 썩은 시궁창에 헐벗은 아이들이 놀고 있다. 부녀자들은 그 물에 야채를 씻었다. 똥 더미 마당의 우물에서 여인들은 태연하게 물을 퍼 식수로 사용했다. 평양에는 우물이 하나도 없다. 우물을 파면 땅이 가라앉는다고 생각해서다. 청일전쟁으로 시체가 둥둥 떠다니고 있는 대동강물을 떠다 마셨다. 25세를 넘긴 여자들에서는 도저히 아름다움을 찾아볼 수 없었다."

비스카운트 노스클리프(1865-1922, 영국신문 경영인) : "조선 공무원은 모두가 도둑이다. 백성들은 양반 지배층이 도둑놈이라는 것 외에는 아는 바가 없다. 도둑질은 곧 강탈 짓이다. 조선인들은 일본군 병사들이 돈을 내지 않고 식량을 약탈한다며 잘못 알고 있다. 일본 정부는 조선 공무원을 통해 쌀값을 지불했다. 그런데 조선 공무원들이 중간에서 돈을 빼돌리고 있다. 조선 공무원들의 돈 빼돌리는 수완은 전 세계에서 최고 수준이다. 아프리카 토인들도 조선 백성보다는 잘 살 것이다. 만고천하에 조선만큼 더러운 곳은 없다. 중국의 도로에서 냄새가 난다 하지만 조선인들은 똥구덩이에서 산다."

량치차오(1873~1929, 조선망국보고서) : "조선 멸망의 원인은 궁중과 양반과 공무원이다. 일본과 중국을 번갈아 불러들이면서 서로 죽이고 싸웠다. 다른 나라들에서는 공무원을 국사를 다스리기 위해 두는데, 조선에서는 공무원을 양반 봉양 목적으로 두었다. 중, 러, 일이 조선을 망하게 한 것이 아니라 조선이 스스로 망한 것이다."

스텐 베리만(1895~1975, 스웨덴 동물학자) : 한국 사람들은 일본인들이 가진 정신력, 투쟁심, 집단행동과 같은 능력이 부족하다. 일본인들은 공공의 이익이 우선인데 한국인들은 이기적이다. 한국인들은 유구한 역사만 자랑하면서 하루종일 기다란 담뱃대만 빨고 있다. 만약 일본이 병합하지 않았다면 러시아나 중국에 합병됐을 것이다.

쇄미록 : 조선 사대부 오희문(1539-1613)의 임진왜란 피난기인 '쇄미록'은 징비록과 쌍벽을 이루는 역사 문서로 평가돼 있다. 그가 1594년 4월 3일 작성한 일기가 있다. "그윽히 들으니 영남과 경기에서는 사람들이 서로 잡아먹는 일이 많아서, 심지어 육촌의 친척도 죽여가지고 씹어 먹는다 하기에 항상 상서롭지 못하다고 했더니, 이제 다시 들으니 서울 근처에서 전일에는 비록 한두 되의 쌀을 가진 자라도 죽이고 빼앗는데, 근일에는 사람이 혼자 가면 쫓아가서라도 죽여놓고 먹었다."

선조실록 25년 5월 4일 기록 : 왜군이 쳐들어왔는데, 아랫것들은 하나도 안 보이고, 오히려 일본군을 환영해 주어서 걱정이다. 아예 대놓고 일본군에 가담한 백성들도 적지 않았으니, 당시 선조는 윤두수(원균 편)에게 물었다. "지금 왜군의 절반이 조선 백성이라고 하는데 그게 사실인가? 내 부하는 내부하는 것이 본래 나의 뜻이다." 여기에서 '내부하는 것'은 중국 요동에 붙는 것을 의미하는 것이었다. 원균과 한패인 윤두수가 선조에게 만주로 도망가라고 종용한 것이다. 이에 다급한 유성룡이 노예들을 향해 호소했다. "왜구를 물리치면 노예로부터 해방시켜 주겠다." 하지만 왜란이 이순신의 승리로 종결되자 유성룡은 '노예해방'은 없던 일로 했다. 선조가 이를 허용할 리도 없었다.

의병장 '강항'이 쓴 '간양록' : "적선 6~7척에 사람들이 꽉 차 있었다. 각 배에는 조선인 반, 왜인 반이었다." 조선인이 왜인과 함께 조선을 상대로 싸웠다는 뜻이다. 1607년, 1617년, 1624년에 조선통신사(외교관)들은 일본에 끌려간 포로들을 데려오겠다는 취지로 '쇄환사'(특사)를 파견했다. 6,000명 가량을 데려왔지만 이는 전체 포로의 10%도 안 되는 숫자였다. 90% 이상의 조선인들은 일본이 더 좋다며 거기에서 정착해 살고 싶어 했다.

이경직의 '부상록' : 광해군 7년(1617) 종사관으로 일본에 다녀온 이경직이 '부상록'을 썼다. "조선으로 돌아가자고 하면 좋아하며 따라나설 줄 알았는데, 포로들이 당최 나서려 하지 않았다. 포로들 중 양반은 10%도 채 안 되었다. 나머지는 조선보다 일본이 더 좋다며 따라나서지 않았다. 일본에 끌려온 조선 노예들은 맨손으로 끌려왔지만, 10년 가까이 지나면서 재산을 축적하고 생활이 자유롭게 편해졌다. 따라나서는 사람이 없었다."

일본으로 잡혀간 도자기공들, 일본의 '아리타 자기'를 중심으로 한 세계 최고 수준의 도자기 산업을 육성시킨 원동력이 되었다. 조선의 왕들과 조선의 사대부들은 무엇을 했는가? 이태리, 스페인, 프랑스 등 유럽 여행을 다녀온 사람들은 '가우디'라는 명 건축가가 짓다만 파밀리아 성당 등 찬란한 건물들을 보면서 그 정교함에 압도되었다. 경복궁? 중국 자금성의 헛간 정도의 규모다. 내국인이건 외국인이건 똥오줌의 시궁창 바닥이 바로 조선의 수도 서울이었다고 증언했다. 그런 서울에 중앙청을 짓고 종로광장을 만들고, 을지로, 종로 등 도로 구획을 만들고, 당시 서울을 일본 수도 동경에 버금가는 도시로 만들어 주고, 똥물이 스며든 우물을 메워, 수돗물을 먹이고, 현대적 교과서를 통해 개화시켜 준 일본이 더 유익했는가, 아니면 조선 왕들이 더 유익했는가? 이런 것들을 짚어보면 무려 518년 동안 27명의 이씨 성을 가진 왕들에 대해 원망하지 않을 수 없다.

쪽팔리는 조선의 위인들

조선을 지켰다는 최고의 영웅들은 누구들인가? 김구, 안중근, 이봉창, 윤봉길, 유관순이다.

김구(1876~1949)는 누구인가? 인조반정으로 공을 세워 왕을 함부로 움직이고 독재를 일삼다가 효종의 북벌계획을 명나라에 고자질한 죄로 능지처참을 당했던 김자점의 손자다. 삼족이 멸문당하자 강보에 싸인 채 황해도로 도망가 곰보얼굴로 인해 열등의식 속에서 성장한 사람이 바로 김창수(김구)였다. 승려 노릇도 해보고, 동학란의 선봉 대열에 끼었다가 안중근의 아버지가 거느린 사병부대에 진압되어 안중근 집에서 한동안 식객 노릇도 했다.

1896년 21세 때 그는 황해도 치하포에서 일본의 젊은 상인 '쓰치다 조스케'를 돌멩이와 몽둥이로 패 죽이고 돈을 절취하여 감옥에 갇혔다가 탈옥했다. 상해로 가서는 독립군 행세를 하면서 독립자금을 모아 임시정부를 운영했다. 이승만에 질투를 느껴 사사건건 방해를 놓았다. 윤봉길과 이봉창에게 폭탄을 주어 젊은 나이로 목숨을 잃게 했다. 그것이 실질적으로 무슨 의미가 있었던가? 그런 도시락 폭탄으로 독립할 수 있었다면 애초에 먹히지를 않았을 것이다.

김창수, 김구의 본명이다. 그는 세기의 간첩 성시백의 꼬임에 빠져 포섭됨으로써 이승만의 건국을 훼방했고, 1948년 4월 19일 휴전선을 넘어 평양에 들어가 4월 22일, 김일성의 북한 정권 창출 행사에서 북한을 부유한 나라로, 남한을 거지의 지역으로 폄훼하는 연설을 했다. 건국이 이미 이루어진 시점에서도 건국을 인정하지 않는 반역 행위들을 강행하다가 젊은 장교 안두희의 권총을 맞고 죽었다. 김일성에게는 과수원 하나만 하사해 달라며 무릎을 꿇었다. 그는 북한에서 영화 등을 통해 유치한 조롱감이 돼 있다.

남편이 돈 벌어가지고 이제나 올까 저제나 올까 목을 빼고 기다렸던 쓰치다 조스케의 부인이 살인마 김구가 한국 최상의 영

일본의 의미

웅으로 존경받고 있는 이 사실을 놓고, 무슨 생각을 할까? 금전이 탐나서, 죽지 않으려고 도망가는 젊은 상인을 끝까지 쫓아가 돌멩이와 몽둥이로 때려죽인 후 돈을 갈취한 인물이 대한민국 최고의 영웅이다? 적장이 보낸 간첩, 성시백 앞에서 무릎을 꿇고, 충성하겠으니 과수원 하나만 하사해 달라 간첩에게 부탁한 후 김일성 정권 수립에 들러리를 서준 인물이 대한민국 최상의 영웅이다? 이런 조폭이 그리고 반역자가 영웅이니까 젊은이들이 너도나도 폭력을 쓰고 사람을 마구 죽이고 빨갱이가 되는 것이 아니겠는가?

이봉창(1900~1932)은 누구인가? 용산의 문창보통학교 졸업, 가게 점원, 용산역 역무원으로 있다가 일본 오사카로 건너가 일본인 양자가 되어 일본식 이름도 얻었다. 일본을 좋아했고, 일본인이 되고자 노력했지만, 승진이 안 되어 일본에 반감을 가졌다. 그래서 김구를 찾아가 수류탄 두 개를 얻어다 그중 한 개를 히로히토 천황 행렬에 던졌다.

윤봉길(1908~1932)은 누구인가? 상하이 채소 장사를 하다가 23세의 나이인 1931년 김구를 찾아가 독립운동에 몸을 바치겠다고 하여 도시락 폭탄 한 개를 얻었다. 그것을 상하이 홍커우공원에서 열리는 일본 행사에 던졌다.

유관순(1902~1920)은 누구인가? 1918년 3월, 이화학당

보통과를 졸업하고 고등과 1학년에 진학했다. 아버지 유중권은 돈 있는 지방 유지였다. 2월 28일, 전교생 만세 운동에 참여했다. 3.1만세 행진에도 참여했다. 1919년 4월 1일, 고향인 천안에서 열린 만세 시위에 참여했다. 행사의 주역이 아닌 그냥의 참여자였다. 시위대 전면에 서 있던 사람들이 체포됐다. 유관순도 그 일원이었다. 공주지방법원 판결에 의해 5년형을, 고등법원에서는 3년을 받았지만, 특사령으로 1년 6개월로 단축됐다. 알려지지 않은 이유로 1920년 9월 28일 사망했다. 시위를 주도한 적도 없고, 천안 시위에서 단지 선두에 섰다는 이유 하나로 영웅이 된 것이다.

안중근(1879~1910)은 누구인가? 아버지 안태훈은 산채에서 사병을 거느렸던 정도의 토호였고 일본에 기부금도 많이 내는 개혁파였다. 안태훈은 동학란을 평정하는데 공을 세웠다. 전봉준의 동학란은 대원군과 밀접히 연결돼 있었다. 안중근도 17세에 동학란 평정 대열에 끼었고, 김구는 체격이 우람해서 동학란 선봉 대열에 끼었다. 김구는 안중근보다 3년 연상이었다. 안중근은 적적함을 달래기 위해 포수 노릇도 했다. 그가 살해한 이등박문은 일본 군국주의자들에 맞서 조선 병합을 반대해왔던 인물이었다. 안중근은 겨우 조선 병합에 반대한 인물을 죽인 것이다. 1909년 10월 26일, 시쳇말로 똥볼을 찬 것이다. 이것이 한일병합의 촉매제가 되었다. 이로부터 10개월만인 1910년 8월 22일 한일병합 조약이 체결됐다.

결과론적으로 보면 안중근은 한일병합을 반대해 온 일본의 수상을 저격했고 이로 인해 스폰서 잃은 조선은 곧장 일본에 병합되고 말았다. 조선은 이완용이 일본에 바친 것이 아니라 안중근이 바친 것이라 해도 과언이 아닐 것이다. 나라를 일본에 바치는 일은 왕의 결심이지 총무대신 한 사람의 결심일 수는 없다. 이완용은 억울한 사람이다. 우리가 원망해야 하는 인물은 이완용이 아니라 518년 동안 조선 백성을 짐승처럼 학대해 오면서 나라 지키는 군대 하나 조직해 놓지 않은 27명의 이씨 성을 가진 왕들이다.

 **안중근과 이완용, 저울에 다시 재야**

이완용은 개화된 인물로 순종을 가르친 선생님이었다. 영향력 있던 미국인 헐버트에게서 영어를 배워 당시 윤치호 등과 함께 영어실력자 중 한 사람이 되었다. 1887년에는 미국 주재 공사로 나가 2년 5개월 동안 주미 외교 업무를 수행했고, 호러스 뉴턴 알렌과 윤치호와 가까이 지냈다. 독립문 현판도 이완용이 썼고, 조선이 독립하려면 단결하여 개화에 힘써야 한다고 역설했다.

이와는 반대로 고종은 입헌군주제에 반대해 전제군주제만 고집했다. 여기에서도 윤치호와 이완용 등은 '독립협회'를, 고종을 감싸는 수구파들은 '황국협회'를 만들어 대립했다. 수구파들은 "독립협회가 고종을 폐위하고 박중양을 대통령으로, 윤치호를 부통령으로 하는 공화국을 수립하려 한다"는 모략의 전단을 뿌렸다. 이완용과 윤치호 등 개화파가 나라를 일본에 팔아먹었다는 모략은 고종을 계속 옹위만 하는 수구파들의 작품이었던 것이다. 이완용과 윤치호와의 차이점은 이완용이 총리대신이 되어 순종의 명령에 의해 '한일병합조약' 문서에 서명을 했다는 점이다. 당시 이완용과 윤치호는 다 같이 맑은 눈의 소유자였다.

윤치호는 훌륭한 일본이 너무 부럽다고 했고, 박중양은 이완용이 옳은 일을 했다고 강변했다. 일본과 미국 사회를 견학한 당시의 눈 뜬 젊은이들은 모두 조선 왕을 답답하게 여겼던 것이다. 이승만도 이중의 한 사람이었다. 국가는 시스템이다. 개인은 시스템의 벽을 넘을 수 없다. 조선이 병합된 것은 조선 시스템이 일본 시스템에 비해 낙후됐기 때문이었다. 시스템을 만드는 책임은 27명의 왕들에 있었다. 한일병합은 조선 시스템을 518년 동안 후지게 방치한 27명의 왕이 책임질 일이지 행정인에 불과한 이완용이 책임질 성격의 것이 아니었다. 이완용이 한 일은 오로지 순종의 명령에 따라 병합 문서에 서명했다는 것 뿐이다.

 **일본으로부터 받은 최초의 사람 대접**

일본은 조선인들에게 어떻게 해주었는가? 1912년 '조

선 토지조사사업'으로 조선인의 사유재산 제도를 도입했으며 양반들의 착취를 금지시켰다. 1921년 3월 12일 자 동아일보에는 총독부가 조선어를 장려하기 위해 조선어 시험을 치르게 하고, 합격한 사람들에 대해서는 조선어 수당을 지급한다는 기사가 실렸다. 1922년에는 '조선호적법'을 공포하여 성도 이름도 없는 노예들에게 독립적 호적을 만들어 줬다. 1923년에는 5월 1일을 '어린이날'로 지정해 어린이를 중시하는 문화를 만들어주었고, 1928년에는 10월 9일을 '한글날'로 지정해서 한글을 장려했다. 조선 왕과 일본 총독 중 어느 쪽이 조선 백성과 조선의 앞날을 유익하게 만들어주었는가?

조선 개화에 빼놓을 수 없는 공헌자는 1835년에 일본에서 태어난 후쿠자와 유키치다. 그는 일본 개화의 선구자다. 그래서 그의 초상이 일본 은행권 최고액인 1만엔 권에 1984년부터 2023년까지 40년 동안 올라 있었다. 그는 수많은 유학파들을 TF(Task Force) 팀으로 꾸려 옥스포드 영영사전을 영-한문 사전으로 전환하는 대업을 이룩했다. 그리고 일본에 유학한 유길준 등 조선 개화파 청년들에게 영한문사전을 영한사전으로 전환하여 사용할 것을 권고했다.

아파트, 빌딩, 커피, 티, 넥타이 등은 외래어다. 이와 똑같이 당시 후쿠자와 유키치가 창조한 經濟, 社會, 民主主義, 自

由, 家族, 個人, 自然, 學校 등도 외래어였다. Democracy를 어떻게 한문으로 번역할 것인가? 후쿠자와 팀은 고민을 했다. Democracy는 1215년 영국의 마그나 카르타에서 유래했고, 마그나 카르타는 하극상이기 때문에 처음에는 下極上으로 번역을 했다가 民主主義로 낙착이 되었다. 이처럼 한자를 조합하여 어휘와 단어를 조립한 사람이 바로 후쿠자와 유키치였다. 한문을 사용하는 동양권 국가들인 한국, 대만, 싱가포르, 중국 같은 나라들은 모두 후쿠자와 유키치의 혜택을 철저히 입고 있는 것이다. 이 영-한문사전으로 인해 후쿠자와 유키치는 '일본 근대화의 아버지'로 불린다. 그렇다면 그는 한국-대만-중국-싱가포르 '근대화의 아버지'로 추앙돼야 할 인물이 아니겠는가? 개인에게도 좋은 이웃이 있어야 하듯이 이처럼 국가에도 좋은 이웃이 있어야 하는 것이다.

세계의 식민지들

조선이 2,000여 년 동안 중국의 속령으로 살아온 것도 사실이고, 일본의 식민지로 36년 동안 살아온 것도 사실이다. 중국으로부터도 물질적, 정신적 유산을 형성했고, 일본으로부터도 그러했다. 이는 부정할 수도 없고, 부정해서도 안 된다. 미국은 영국의 식민지였다. 영국과 전쟁도 했다. 미국이 영국을 증오하는가? 영국은 프랑스의 식민지, 독일도 프랑스의 식민지, 러시아는 몽골의 식민지, 핀란드는 러시아의 식민지, 인도는 영국의 식민지, 베트남은 프랑스 식민지, 브라질은 포르투갈, 멕시코는 스페인, 이집트는 터키의 식민지였다. 특히 조선은 2천 년 동안이나 중국과 몽고의 식민 통치하에 있었다. 이 역시 부인할 수 없는 사실이다.

유럽 열강, 특히 스페인과 포르투갈은 자기 나라 사람을 지배자로 심고, 말, 글, 종교, 문화를 전파하는 대신 광물(금, 은, 동)과 식품(커피, 차, 사탕수수 등)을 개발하여 본국으로 송출하는 방법으로 식민지를 경영했다. 하지만 중남미 국가들은 식민 지배국이었던 스페인과 포르투갈을 적대시하지 않고, 역으로 호감을 가지고 있다. 그들로 인해 개화되고 문명화를 앞당겼기 때문이라 한다. 인도의 경우, 인도인이 영국의 총리를 하고 있지 아니한가. 서구 열강의 식민지 노선이 식민지를 열강국의 나라로 통합시키지 않고 개화와 물질을 맞교환하는 방식이었다면, 일본은 조선을 병합시켜 한 나라로 만들기 위해 조선을 일본화시키는 내선일체화 통치를 했다. 일본의 교육제도를 그대로 도입시키고, 일본 동경제대와 똑같은 수준의 서울국립대학을 세웠고, 농업, 광공업, 철도, 도로, 항만, 전력, 수도, 전신전화, 치산, 치수, 산림녹화, 수리 등을 일본 본토에서 하는 것처럼 똑같이 개발하고 건설했다. 서구 열강처럼 조선을 이용한 것이 아니라 조선을 일본국과 똑같이 만들어 같은 국민이 되게 한 것이다. 서구의 식민지 개념과 일본의 식민지 개념이 완전히 다른 것이다. 그 결과가 무엇이었는가? 교육이 전혀 없던 국민이 교육을 받아 정신적으로 근대화가 되었다. 조선 왕 27명이 518년 동안이나 통치한 결과는 겨우 4억 달러어치의 논과 밭, 그리고 오염된 지하수, 전염병, 초가집뿐이었는데 일본이 36년 동안 통치한 결과는 23억 달러어치의 학교, 철로, 도로, 광업, 항만, 수도, 전신 등 사회간접자본과 기업들이었다. 그리고 이보다 더 중요한 자산이 교육이었다.

누가 조선 노예를 해방시켰을까?

2천여 년 동안이나 중국의 식민 지배를 받아서 얻은 것이 무엇이었는가? 조선 왕 27명의 지배를 받아서 얻은 것이 무엇이었는가? 36년 동안 일본의 지배를 받아서 얻은 것이 무엇인가? 선이 굵어야 성취도 굵다. 그동안 주입된 소소하고 소아적인 모략물들을 내던지고, 선입견 없이 제로 베이스에서 사실들만 가지고 다시 평가를 해보자. 조선 왕들 밑에서 노예 신분으로 수탈만 당했던 시절이 유익했는가? 아니면 일본의 개화가 유익했는가? 아무리 대차대조표를 써보고 손익 계산서를 써봐도 조선 왕들보다는 일본 총독들이 더 유익했다는 것을 고백하지 않을 수 없다.

윤치호 선생도 고백했다. "무능하고 가렴주구를 행하는 조선인 정부와 유능하고 착취하지 않은 일본인 정부 중에서 택하라면 나는 일본 정부를 택할 것이다. 일본이 부러워 못 견디겠도다." 일본이 곤장을 때렸는가? 조선 같으면 일본의 수상을 사살한 안중근을 어떻게 다루었겠는가? 칼춤 추는 망나니를 시켜 만인을 불러 놓고 그 앞에서 목을 쳤거나, 시뻘건 인두로 눈을 지지고 가슴을 지져가면서 고통스럽게 죽였을 것이다. 하지만 안중근은 지금과 똑같은 재판 과정을 통해 인권을 존중받으면서 재판을 받았다. 당시를 살았던 선구자 윤치호 선생의 말을 믿어야 하나, 빨갱이들 말을 믿어야 하나? 건국 당시 이승만에 국회의원들의 지지는 95% 였고, 김구에 대한 지지는 겨우 3% 였다. 그런데 빨갱이들은 지금까지 김구가 이승만보다 훌륭한 민족주의자라고 선전해 왔다. 이처럼 우리가 알고 있는 거의 모든 반일감정은 빨갱이들이 주입시킨 것이다.

 **이승만 대통령의 반일과 그 의미**

일본을 원망하고 증오한 가장 대표적인 정치인은 이승만과 김일성이었다. 두 사람은 혼돈에 빠져있던 민중들로부터 호응을 얻어야만 정치적 날개를 펼칠 수 있었다. 두 사람 모두 '민족'을 내걸었고, 민족의 정통성을 '조선'에 두었기 때문에 조선을 미화시켜야 했고, 조선을 미화시키기 위해서는 일본을 악으로 규정해야만 했다. 일본이 악인 이유는 조선을 강제로 빼앗고, 수탈했고, 고통을 주었다는 것이다. 이런 이승

만 대통령의 인식에 대해 아니, 주장에 대해 질문하고 싶은 것이 있다. 첫째, 만일 일본이 조선을 병합하지 않았다면 청나라나 러시아가 병합하지 않았을까? 일본, 중국, 러시아 중 어느 나라에 먹히는 것이 더 비참했을까? 둘째, 만일 36년 동안 조선 왕이 더 통치했으면, 인구의 90%를 차지하는 노예들의 삶이 향상됐을까? 23억 달러어치의 근대화 자산이 생겼을까? 셋째, 조선 왕과 일본 총독 중 누가 더 조선을 근대화시켰는가? 논리적으로만 따지면 이승만 대통령의 반일 논리는 타당해 보이지 않는다.

박정희 대통령 역시 국민 정서를 거스를 수 없어 반일의 표현을 했지만 그는 그의 지상 목표였던 '조국 근대화'의 에너지를 일본에서 얻어냈다. 전두환 대통령 역시 반일에 대한 국민 정서를 거역할 수 없었다. 하지만 그는 그보다 연상인 나카소네 총리로부터 40억 달러라는 어마무시한 차관을 얻어 88올림픽을 치르고, 시궁창이었던 한강을 지금의 정화된 호수로 아름답게 가꾸고, 전자, 통신, 반도체, 한국형 원자로 산업을 육성하며 오늘날의 먹거리 산업을 육성해 놓았다. 일본으로부터 받은 돈 40억 달러가 대한민국을 획기적으로 중흥시킨 통 큰 자금이었다. 여기까지만을 살펴보아도 일본은 대한민국에 결정적인 도움을 준 유익한 나라라는 사실을 부인하기 어렵다.

일본의 의미

 노예주, 조선 왕의 최후 행색

1884년 겨울, 고종을 처음으로 가까이에서 본 미국인 퍼시벌 로웰은 고종과 순종을 본 인상을 기록했다. "고종의 얼굴은 뛰어나게 부드러워 보였다. 첫눈에 호감이 가는 얼굴이었다." 황태자였던 당시의 순종에 대한 첫인상도 기록했다. "그가 나를 접견했을 때 두 대신이 그의 양옆에 서 있었다. 그가 무슨 말을 할 때마다 대신들이 허리를 굽히고 그의 귀에 무슨 말을 해야 하는가를 속삭여주곤 했다. 그러면 그는 동상처럼 무표정하게 서 있다가 앳된 목소리로 대신들이 속삭여주는 말을 그대로 따라 외우는 것이었다." 합병 당시 고종은 기진맥진해 있었다. 고종은 궁내 대신 이재극에게 "정부 대신들과 잘 협의하라, 합병은 천명이다. 지금은 다른 도리가 없다." 이렇게 말했다.

당시 두 임금(고종, 순종)과 이완용은 오로지 왕실에 대한 예우와 고관대작들의 처우에 대해서만 일본과 흥정했을 뿐이었다. 백성의 운명에 대해서는 그들이 낯뜨거워서라도 왈가왈부할 처지가 못 되었다. 이런데도 역사책들은 '순진하고 무기력한 순종'이 매국 대신들에 놀아났다고 매우 편협하고도 근시안적인 평가만 담고 있다. 왕은 훌륭한데 이완용 등이 나라를 팔아먹었다는 것이다. 참으로 한심하고 해괴 유치한 이런 해석이 정사로 자리잡아 온 것이다.

마치 1980년을 전후하여 최규하 대통령이 바지였고 전두환과 신군부가 국권을 장악했기 때문에 최규하가 재가(결제)한 것은 모두 전두환의 책임이라는 1997년 좌파 대법관들이 내린 판결과 판박이인 것이다. 왕이 바지였다고 주장하는 사람들에게 묻고 싶다. 약육강식 시대에 왕이 바지였다면 그 어느 열강국으로부터라도 먹히는 것이 자연의 순리가 아니겠는가?

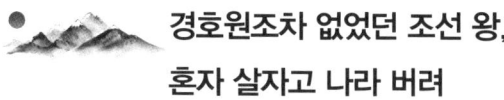

경호원조차 없었던 조선 왕, 혼자 살자고 나라 버려

멸망 당시의 조선 왕은 주변 신하들과 경호 인력을 믿지 못해 러시아 공관으로 피신(아관파천)하여 거기에서 국정을 보기도 했고, 영국 공관과 미국 공관에 안전 대책을 구걸하면서 국가는커녕 일신의 안전마저 의탁할 곳이 없었다. 임진왜란 때 선조는 만주로 도망가자고 신하들을 조르지 않았던가. 이런 처지가 되다 보니 조선 왕은 자신과 왕족의 안전을 담보해 주겠다는 일본이 믿음직하고 고마웠을 것이다. 조선 왕 27명 중 정말로 훌륭한 왕이 있었다면 518년 동안이나 이씨가 정권을 대물림해 왔는데 어째서 왕이 사는 서울이 사람과 동물의 배설물로 질척거렸고, 악취 나는 우물물을 마시면서 전염병에 시달려 시체를 시구문 밖에 내다 버리는 것을 일상화해 왔는가? 조선 왕이 훌륭했는데 왜 인조는 남한산성에서 적장에 절을 여러 번 하였는가? 조선 왕이 훌륭했는데 어째서 백성의 90%를 노예로 삼아 짐승처럼 일 시키게 하고, 짐승보다 싼값으로 거래하게 하고, 양반으로부터 늘 물질과 성을 수탈당하게 만들고, 곤장 맞게 하고, 불타는 인두로 고문당하게 했는가?

조선 왕과 후쿠자와 유키치, 누가 조선 백성을 위했나?

이런 나라를 주운 것이 과연 순리인가, 범죄인가? 조선은 구조적으로, 운명적으로 일본에 먹히게 돼 있었다. 이씨 성을 가진 27명의 왕이 518년 동안 누적시켜온 구조적 적폐에 대한 책임을 이완용이라는 한 개인에게 홀딱 다 뒤집어씌우는 이 야만이 어찌하여 역사의 정사로 대물림해 왔는지, 그것이 불가사의하다. 이 언어도단의 논리는 오로지 김일성을 신격화하는 데에서 파생된 억지다. 조선왕은 개화를 적대시하여, 일본의 후쿠자와 유키치가 기른 개화파 유길준, 김옥균, 서재필 등 유학생들을 비참하게 탄압하고 학살했다. 조선에 호의적이었던 그래서 조선 병합을 반대했던 후쿠자와 유키치는 이에 슬퍼하고 격분하여 '조선왕조를 멸망시켜야 조선 백성을 구할 수 있다'는 방향으로 생각을 바꾸었다.

우리는 조선 백성들의 생물학적 후예들이다. 우리의 90%는 조선 왕들과 양반들에 신음했던 조상들의 후예들인 것이다. 조선 왕들과 양반들 학대에 신음했던 조상들의 영혼을 위로하고, 다시는 동족의 세도에 신음하지 않는 삶의 터전을 만들어 후대에 전하겠다는 각오를 해야 옳다. 일본과 사이좋은 나라로 공동협력하여 경제와 안보를 공동 도모하는 것이 지혜로운 선택일 것이다. 우리의 적은 일본을 격하시키고, 반일 감정을 부추겨 북한을 이롭게 하려는 남한 내의 좌익 세력이다. 우리가 경계해야 할 대상은 일본이 아니라 일본을 모략하는 남한 공산당이고 북한이다.

한일병합의 역사에는 일본에 부끄러움이 있었던 게 아니라 조선에 부끄러움이 있었다. 약육강식이 상식이었고 대세였던 시대, 일본은 서구열강과 어깨를 나란히 하여 밖에 있는 나라를 침략하고 점령하고 있었는데 반해 조선은 문을 걸어 잠그고 제닭 잡아먹기에 정신이 없었던 한심한 시절을 보내고 있었기 때문이었다. 수치를 아는 문명인이라면 중국이나 다른 아시아 국가들처럼 우리도 부끄러운 역사를 외부적으로 까발리는 유치한 행동은 자제했어야 했다. 한일병합에는 전적으로 조선에 문제가 있었다는 것을 인정해야 객관적이다.

03

근대화의 뿌리

일본의 의미

지/만/원

03

근대화의 뿌리

 **교육**

　지구상 모든 나라의 80% 이상이 유럽 열강들의 식민지였다. 수십 년, 수천 년 동안 식민지로 살았지만 지금은 다 독립해 있다. 그런데 피지배국의 대부분이 지배국에 대해 좋은 감정을 가지고 있다. 미개한 환경과 미개한 사고방식을 개선해 준 데 대해 고마운 마음을 가지는 것이다. 조선은 어떠했는가? 양반과 왕들은 백성이 깨우칠까 두려워했다. 사고방식이 바뀌고 생활방식을 바꾸면 자기들에게 달려들 것이 무서워 깨우친 노예를 제거했다. 부모도 자식들을 노예처럼 부렸다. 부모를 능가하면 버림을 받았다. 가정교육도 없고, 학교 교육도 없었다. 우민화 정책이 조선 왕들의 정책이었다.

　조선 역사 518년 동안 유치원이 있었는가, 초등학교가 있었는가? 교육이 없는데 무슨 발전이 있겠는가? 1910년, 8월 한일병합이 이루어지면서 곧바로 유치원이 생기고 초등학교가 생겼다. 1911년 취학율은 제로. 1948년의 취학율은 74.8%였다. 중학교와 고등학교가 전국에 세워지고, 대학교까지 설립되었다. 조선인을 교육시킨 존재는 일본이었고, 교육을 방해한 존재가 27명의 이씨 왕들이었다. 교육을 시키면 노예가 반란을 일으킬 것이라는 생각 때문이었다. 교육은 거저 되는가? 투자가 필요하다. 가장 생산성이 높은 투자가 교육투자다. 교육 없는 산업화가 있을 수 있는가? 교육 없는 문화가 있을 수 있는가? 1942년에 초등학교 수는 공립과 사립 다 합쳐 3,753개나 되었다. 부모 밑에서 가축처럼 일만 하던 어린이들에게 일본은 1923년에 5월 1일을 어린이날로 지정해주었다. 조선인들이 일본의 선진화된 수준을 향해 깨우침을 받기 시작한 것이다.

여기까지만 결산해 보자. 조선 백성에게 유익했던 나라, 조선의 앞날을 가꾸어 준 나라가 일본이었는가? 아니면 이씨 성을 가진 27명의 왕이었는가? 1910년부터 1945년까지 36년 동안 일본은 조선인의 취학율을 75% 규모로 향상시켰는데 이씨 왕들은 518년 동안 도대체 무엇을 했는가? 근대화의 초석인 교육. 이는 순전히 일본의 덕분이었다. 감사(appreciation)할 줄 아는 문화인이라면 이를 부정하지 못할 것이다. 조선 왕들에게 조선 백성은 일하는 짐승이었고, 일본에게 조선 백성은 인간으로 보였다. 욕을 하고 싶으면 이씨 왕들을 욕해야지 왜 이렇게 고마운 일본을 욕하는 것인가?

 기아로부터 탈출할 수 있었던 발판

1945년 8월 15일, 일본이 미국에 항복함으로써 일본은 36년 동안 북한에는 29억 달러, 남한에는 23억 달러어치의 사회기반시설(SOC)과 기업 등 일본이 이룩한 일본 자산을 모두 놓고 떠났다. 일본은 이 자산을 일본에 귀속된 귀속 자산(Vested Property)이라며 돌려달라는 주장을 폈지만, 미국은 이를 모두 강제로 빼앗아 이승만 정부에 주었다. 1948년 당시 국가의 자산 회계 결과 23억 달러는 대한민국 전체 자산의 80%를 상회했다. 경부선 철도, 중앙선 철도, 경인선 철도 등 철도노선을 구축하고, 전국의 수많은 지방도로를 건설하고, 부두, 탄광, 치수, 상수도, 하수도, 전화 선로 등의 사회간접자본을 모두 다 일본이 건설했다. 오늘날 유수의 대기업들은 거의 다 일본이 놓고 간 기업들을 기반으로 성장했다.

만일 이 23억 달러어치의 자본이 없었다면 1948년 출범한 대한민국은 자동차길도 없고, 기찻길도 없고, 학교도 없고, 기업도 없고, 수도관도 없고, 오로지 똥과 오줌으로 뒤덮힌 냄새나는 땅에서 계속 미신만 믿고, 90%의 백성이 온갖 전염병에 시달리면서 노예 노릇만 하고 있었을 것이다. 먹고 살아나기도 어려운 기아의 나라에서 그 누가 이 엄청난 달러를 벌어서 23억 달러만큼의 사회간접자본을 건설했겠는가?

이 23억 달러가 사회기반시설(SOC)로 깔려있었고, 여기에서 이승만 정부가 12년 동안 나라를 가꾸느라 많은 노력을 기울였지만 1961년의 대한민국은 세계 120개 국가 중 인도 다음으로 못 사는 거지 나라가 돼 있었다. 보릿고개가 한국경제의 대명사였다. 실업율 30%, 2.88%의 높은 인구 증가율, 산업이라고는 농사일 뿐이었다. 해마다 산은 벌거숭이가 되어 갔다. 지금의 북한 민둥산이 바로 이승만 시대의 산이었다. 모두가 가난하니 세금이 걷힐 리 없었다. 해마다 미국이 원조를 베풀었다. 이 역시 이승만 대통령의 외교력 덕분이었다. 매년 5억 달러, 경제원조가 2.8억 달러, 군사원조가 2.2억 달러였다.

해마다 무역적자는 5천만 달러, 경제원조는 화폐로 주는 것이 아니라 유연탄, 석유, 잉여농산물로 주었다. 이것을 정부가 팔아서 세출예산으로 썼다. 이는 당시 '대충자금'으로 불렸다. 정부는 대충자금의 상당 부분을 일본이 남기고 간 기업에 물자 조달 명목으로 퍼부었고, 고위층들은 업주와 돈을 나누어 가졌다. 부정부패, 사치, 축첩 문화가 상류층 문화가 되었다. 반면 잉여농산물의 범람으로 인해 농촌 쌀값이 폭락했다. 농사를 지어서는 자식을 공부시킬 수 없었다. 일본의 개화 노력으로 농촌에서도 내 자식만큼은 배우게 해야겠다는 향학열이 확산돼 있었다. 배워야 살고, 배워야 출세한다는 의식이 사회에 팽배했다. 이조 518년 동안, 배움에 대해 이렇게 목말라 했던 백성이 있었던가? 농촌을 버리고 서울로 서울로 올라와 지게품을 팔았다. 산업이 전혀 없으니 일할 수 있는 곳만 있으면 목숨도 아끼지 않았다. 이러한 국민에게 박정희 대통령이 일본의 힘을 더 빌려 일자리를 만들어 준 것이다.

한국 산업화의 뿌리는 일본

김창룡 특무대장이 그렇게 헌신적으로 빨갱이 사냥을 했지만, 이승만 정부가 해산되자 국가는 곧 북으로 넘어가는 듯했다. "가자 북으로, 만나자 판문점에서", 판문점에서 남북 청년들이 만나 북으로 가자는 구호였다. 이때만 해도 북한은 1인당 GNP가 남한의 2배였고, 필리핀은 3배, 태국은 4배나 더 잘 살았다. 남한의 GNP는 겨우 68달러, 이나마 미국의 원조가 대부분을 차지했다. 잘 사는 북한을 동경하게 만들려는 북의 심리전이 폭넓게 먹혀들고 있었던 위험한 시기였다. 박정희의 쿠테타는 신의 선물이었다.

다급한 박 대통령, "싸우면서 일하자"는 구호를 내걸고 새마을운동을 전개하여 국민의 관심을 내부로 돌려놓았다. 쥐를 잡아 코리안 밍크를 수출하여 무역적자를 메우기도 했고, 서독에 간호사와 광부를 수출하여 무역적자를 메우기도 했지만 이는 그야말로 궁여지책이었다. 1964년, 베트남 전쟁터에 공병 인력을 보내 마을 건설을 도왔고, 이어서 전투 부대인 청룡부대, 맹호부대, 백마부대를 파병하여, 장병들의 전투 수당을 차입하였지만 달러 액수도 부족하거니와 달러가 있다고 해서 산업화가 되는 것은 아니었다.

일본 육사를 수석으로 졸업한 박정희에게는 일본 자금과 일본 기술만이 해결책이라는 사실이 보였다. 역시 기댈 곳은 일본뿐이었다. 1964년, 간첩들의 선동과 배후 조종으로 학생데모가 극성이었다. 한일 국교 정상화를 트려는 박정희 대통령의 노력을 무산시키기 위한 시위가 6.3 데모 사태에서 절정을 이루었다. 이명박, 이재오, 손학규가 앞장선 친북 데모였다. 하지만 한일회담은 끝내 성공했다. 1951년 10월부터 13년 8개월 동안 무려 1,500여 회의 크고 작은 협상을 진행해오다가 1965년 6월 22일 '한일기본조약'이 체결되었다. 무상자금 3억 달러, 유상자금 2억 달러, 기업들이 꾸어 쓰는 상업차관 3억 달러, 이 조약에서 주목해야 할 포인트는 일본이 꾸준히 반환하라고 주장해오던 일본의 귀속 자산 23억 달러에 대한 소유권을 더 이상 주장하지 않기로 한 것이다.

 **일본 기술 없으면 산업화도 없다.**

만일 5억 달러의 유·무상 자금과 3억 달러의 상업차관만 받아놓은 상태에서 일본이 없었다면 그 돈으로 박정희 대통령은 무엇을 했을까? 돈만 있고, 기술이 없다면? 돈만 있고, 생산 기

계, 부품, 소재가 없다면? 동시대에 일본으로부터 같은 규모의 돈을 받은 필리핀, 인도네시아 등 다른 나라들은 그 돈을 호화시설에 털어 넣고 말았다. 박정희 정부는 1966년부터 1975년에 이르는 10년 동안 기업이 꾸어 쓰는 상업차관을 제외한 유상 및 무상 청구권 자금 5억 달러를 어떻게 사용했는지에 대한 백서를 작성했다.

포항제철, 산업기계, 원부자재 도입, 중소기업 육성 분야에 55.6%에 해당하는 2억 7,800만 달러, 소양강댐, 경부고속도로, 철도개량, 건설장비, 해운, 송배전, 상수도, 시외전화 등 사회간접자본에 그 18%에 해당하는 9천만 달러, 농업용수, 농기계 사업, 산림사업, 어선 등 농림수산업에 그 13.2%인 6,600만 달러, 학교 실험자재, 해양실습선 연구시설 등 과학기술 교육 분야에 2.4%인 2,000만 달러를 사용했고, 나머지 9.2%는 여러 가지 항목들로 구성돼 있다. 만일 23억 달러어치의 사회간접자본이 깔려있지 않은 상태에서 이 5억 달러를 사용했다면, 과연 산업화와 한강의 기적이 창출될 수 있었을까? 이 5억 달러가 가치를 발휘할 수 있었던 것은 일본이 무상으로 전수해준 기술이 있었기 때문이었다.

포항제철은 신의 선물

포항제철! 종합제철공장은 '산업의 핵'이다. 제철공장은 모든 산업국가의 간절한 로망이었다. 외자를 끌어온다 해도 한국에는 플랜트를 건설할 수 있는 기업이 없었다. "한국에 제철소를 지어주세요", "거지의 나라 한국에 제철소를 지으면 수요가 있나?" 모든 나라들이 시큰둥했다. 철을 생산해봐야 한국의 그 어느 분야가 철을 필요로 하겠는가? 박정희 대통령은 경부고속도로를 건설하고 싶었다. 외자를 유치하러 미국의 문을 두드리고, 세계은행(IBRD)을 두드렸지만 비웃음만 샀다. "한국에 고속도로가 왜 필요한데? 물동량도 없는 국가에~." 막막한 박정희 대통령, 제2대 주한 일본대사 가나야마를 불러 술 한잔씩 했다. "당신은 일본 수상을 위해서만 일할 게 아니라 나를 위해서도 일을 좀 해주시오" 일본 수상에 보내는 서한을 내놓았다. 가나야마 대사는 이 편지를 일본 외상을 거치지 않고 곧장 수상에게 전했다. 수상이 일본 제철왕 이나야마를 불러 상의했다. 이나야마, "조선은 손톱깎이 하나 제대로 만들지 못하는 나라입니다. 힘들여 지어줘봤자 운영도 제대로 못할 것입니다. 각하, 그냥 잊어버리십시오." 이나야마의 이 말은 사실적 판단이었다.

실제로 손톱깎이는 전두환 시대에도 제대로 만들지 못했다. 1982년, 전두환은 회의장에 나가기 전에 손톱을 깎다가 날이 무딘 탓에 피를 흘린 적이 있었다. 수출국으로서의 자존심이 상했다. 유럽에 출장 가려고 신고차 들어온 김동휘 상공부장관에게 여비 봉투(금일봉)를 주면서 품질이 가장 우수한 손톱깎이 하나만 사 오라 부탁했다. 10여일 만에 귀국한 장관이 손톱깎이 10개를 사 왔다. 손톱깎이는 간단한 물건이 아니었다. 소재, 금형, 열처리, 도금, 연마 등 기술이 집약된 '금속 가공기술의 종합판'이었다. 전두환 대통령은 이 10개의 손톱깎이를 장관들에 나누어 주면서 똑같은 품질의 제품을 만들어 내라고 지시했다. 이렇게 시작한 손톱깎이는 곧바로 세계시장에 진출하여 세계시장의 50% 이상을 차지했다. 일본제 코끼리 밥솥을 능가하는 밥솥도, 컬러필름도 전두환 대통령의 착상으로 개발됐다. 이것이 1980년대인데, 박정희 대통령은 1970년에 포항제철을 짓겠다 한 것이다.

일본에서 받은 자금 중에서 1억 2천만 달러가 투입되어 1973년 7월, 연간 생산능력 103만 톤을 자랑하는 제철공장을 갖게 되었다. 포항의 모래바닥에 세워진 기이한 플랜트, 자본, 기술, 도면, 자재, 소재, 기술지도 등 모든 것이 일본 것이었다. 포항제철이 준공된 지 5년, 1978년 8월 26일, 박정희 대통령을 존경하고 롤모델로 삼는다는 등소평이 일본 동경 부근에 있는 '기미쓰' 제철소를 방문했다. 등소평은 이나야마 일본 제철왕에게 중국에도 포항제철과 같은 제철소를 지어달라 간청했지만 이나야마는 거절했다. 경부고속도로, 1967년 건설계획을 세운 후 소요자금 조달을 위해 세계은행(IBRD)과 미국의 문을 두드렸지만 모든 우방국들이 쌀쌀하게 등을 돌렸다. 이 역시 일본만이 답이었다. 1968년 2월 1일

착공하여 2년 5개월만인 1970년 6월 27일, 428Km의 경부고속도로를 개통했다. 77명이 작업 중 순직했다. 일본 자금 429억 7천만 원이 투입됐다.

일본이 가까이 있는 것은 하늘의 선물

소양강 다목적댐, 아시아에서는 최대, 전세계에서는 4번째로 큰 댐으로, 발전량은 20만KW, 1967년 4월부터 1973년 10월까지 6년 이상에 걸쳐 일본 자금 2,150만 달러가 투입되었다. 일본에서 전수받은 이 기술로, 충주댐, 안동댐, 대청댐, 평화의 댐이 건설되었다. 자본금이 대량으로 소요되는 중화학공업과 산업 및 생활 인프라의 기초를 장만하는 데 있어, 일본의 자금과 일본의 기술 지원은 그야말로 절대적이었다. 이 5억 달러보다 더 큰 자원은 일본의 '귀속 자산' 23억 달러어치의 산업 및 생활 인프라였다. 이 세상 그 어느 나라가 이웃 나라로부터 이런 무조건적인 지원을 받았는가? 아무 나라도 없다.

제품을 만들어 수출을 하고, 내수를 충족시키려면 일본이 구축해놓은 인프라 위에 생산 설비를 갖추어야 했다. 제작 기계, 부품, 소재, 가공, 열처리, 금형, 도금, 염색 등 다양한 생산 절차를 한 단지 내에 종합하는 대규모 공단들이 필요했다. 창원 공단, 구미 공단, 울산 공단, 인천 공단, 시화 공단, 구로 공단 등 수많은 공단을 설치하고, 그에 필요한 기능공을 대량으로 양성했다. 서독의 기능올림픽에 출전시켜 1, 2, 3등을 싹쓸이하여 한국은 '기능공의 나라'라는 이미지를 국제사회에 확산시켰다. 특사들을 선진국들에 내보내 외국기업들을 한국공단에 유치했다. 이때 어느 나라 기업이 가장 많이 들어와 공단 부지를 채웠겠는가? 80%가 일본 기업이었다. 모든 제품에 필요한 부품과 소재는 일본에서 가져왔다. 만일 일본이 멀리 아프리카 희망봉에 있었다면 과연 일본 기업이 한국 공단들에 대량 입주를 했을까? 일본이 아니었다면 위 6개 공단을 가득 채워줄 나라가 없다. 세계에서 가장 다양한 소재와 부품을 개발하는 부자 나라가 이웃에 없었다면 결코 한강의 기적은 있을 수 없었다. 국산화, 현대적 제작 장비와 부품과 소재 없이는 국산화에 도전할 수 없었다.

 ### 한국 경제는 통과 경제(Transit Economy)

선진국에서 한물간 제품들에 대한 기술자료(TDP, Technieal Data Package)를 배로 싣고 와서 복제 모방 생산을 한다 해도, 정밀 공작기계와 소재와 부품 산업이 없으면 시도 자체가 불가능하다. 그런데 소재와 부품 산업은 일본이 가장 발달해 있었다. 이런 산업이 바로 이웃에 있기 때문에 한국은 일본을 발판으로 하여 조립산업을 육성할 수 있었다. 한국경제는 일본에서 소재와 부품을 가져다 조립하여 미국의 호의로 미국 시장에

내다 팔면서 경제 성장을 했고, 그래서 아시아의 네 마리 용 그룹(싱가포르, 대만, 홍콩, 한국)에 끼게 되었다. 이 세상에서 일본만큼 우리나라 산업 발전에 유익한 나라는 없다. 산업의 동반 관계에서 일본은 언제나 미국에 앞서 왔다. 앞으로도 그럴 수밖에 없다. 이렇게 유익하고 고마운 나라는 다시 없다. 인정할지, 말지는 개인 소관이지만 이것은 사실이다.

나카소네의 선물

1983년 1월 11일, 일본 수상 나카소네가 40억 달러의 선물을 들고 전두환 대통령을 찾아왔다. 한국이 GNP의 6%를 끌어 방위비로 사용하면서 자유민주 진영의 최일선에서 공산주의들과 싸우고 있는데 대한 고마움의 표시였다. 물론 저리(低利)의 차관이긴 해도 이는 당시 IMF 위기를 맞았던 한국에는 생명수 같은 것이었다. 전두환 대통령은 40억 달러에서 10억 달러를 풀어 시궁창에 불과했던 한강을 오늘날 세계가 부러워하는 호수 같은 명품으로 가꾸어 놓았다. 한강 양안을 따라 54.6Km 길이의 매머드 콘크리트관을 묻어 사람과 동물로부터 배설되는 오·폐수를 중랑, 탄천, 안양, 난지의 하수처리장에 보내 정화시키게 했다. 210만 평의 고수부지에 수많은 시설들을 설치하고 유람선을 띄웠다.

누구에게나 불가능해 보였던 88국제 올림픽을 세계 올림픽 역사상 가장 크고 화려하게 치를 수 있는 체육시설과 올림픽 마을을 건설했고, 오늘날의 먹거리 산업인 반도체, 스마트 전화기, 통신, 전자, 한국형 원자로 산업을 건설했다. 일본 자금 40억 달러의 위력은 참으로 대단했다. 이 88올림픽으로 인해 한국의 위상은 세계적인 유지국가로 떠올랐다. 이 엄청난 일본의 지원에 대해 제대로 알고 있는 국민은 얼마나 아니, 5천만 국민 중 몇 명이나 될까? 이 사실을 알고도 일본에 고마워하지 않는 국민이 과연 있을까?

이 나라에는 일본을 증오해야만 하는 사람들이 있다. 그들이 국민들의 눈과 귀를 장악하고 있다. 언론을 장악한 세력, 방송, 드라마, 영화, 서적, 교과서 등에 대한 문화 주권을 장악하고 있는 세력이 바로 일본의 진실을 가리고, 일본을 증오하도록 세뇌교육을 시켜온 것이다. 이제부터 애국하는 국민들은 일본으로부터 눈을 돌려 일본을 공격해온 이 반국가 역적세력을 공격해야 할 것이다.

04

반일 전쟁의 원흉들

일본의 의미

지 / 만 / 원

04

반일 전쟁의 원흉들

 **낮에는 후쿠시마 오염수 장사,
밤에는 생선회에 사케 즐기는 인종들**

어째서 국민들은 일본을 적대시하고 증오하는 마음을 가지고 있을까? 가장 쉽게 표현하자면, 반역의 악귀들에 놀아났기 때문이다. 반역의 악귀, 대한민국에서 호의호식하고 정치사회적으로 떵떵거리고 살면서 대한민국을 도끼로 찍어내리는 반역자들이 바로 반일의 악귀들인 것이다. 미국을 증오하는 반미주의자들이 자기 자식들은 미국에 유학 보내고, 미국에 영주시키고 있다. 소니 제품에 열광하면서도 일본을 증오하는 발언을 일삼고 있는 정치인들이 많다.

낮에는 일본의 오염수를 문제 삼는 정치인들이 밤에는 회 접시를 앞에 놓고 일본 사케를 마시고 있다. 이런 자들이 만들어내는 괴담에 국민들이 여과 과정 없이 놀아나고 있다. 김일성을 신봉하는 공산주의자들이 해방 직후부터 장악한 역사교과서 주권, 언론 주권, 문화 주권에 대책 없이 노출된 국민들이 이들의 모략과 괴담을 역사 지식으로 받아들이고 있기 때문이다. 거짓쇼로 정치적 기반을 마련하는 남조선 빨갱이들은 김정일-김정은의 정치쇼를 그대로 본받아 흉내내고 있다. 겉으로는 일본을 웬수의 나라라고 북 주민을 교양시키면서 그들이 사용하고, 마시고, 선물하는 것들은 거의가 다 일본제품들이다.

대한민국의 암덩이, 김일성 종교

김일성 종교, 북한에서 김일성은 단군과 같은 존재다. 김일성 신화는 항일 유격전 신화다. 솔방울을 던지니 수류탄이 되었고, 나뭇잎을 던지니 배가 되어 일본군을 물리친 백두산 산신령이 바로 김일성 장군이라는 신화다. 따라서 김일성 신자들은 김일성을 빛내기 위해 일본을 깔아뭉개야 한다고 생각한다. 일본을 더 많이 격하할수록 김일성에 대한 충성도가 높아지고 고과 점수가 올라간다. 김일성 종교의 코란은 주체사상이다. 사람이 사람답게 살려면 외세를 배격하고 주인답게 살아야 한다는 것이다. 인간의 탈을 썼다고 다 사람이 되는 것이 아니라 노동자, 농민 등 노동력을 가진 무산계급만이 '사람'이라 한다. 노동자, 농민이 행복하게 살려면 그들을 착취하는 외세와 외세의 앞잡이인 남조선 괴뢰정부, 그리고 자본가들을 배격하고 쳐부숴야만 가능하다고 한다. 이 투쟁을 '민주화 운동'이라고 정의한다. '사람'이라는 뜻이 남에서와 북에서 너무 다르다. '민주화 운동'이라는 뜻이 남에서와 북에서 매우 다르다. 이를 언어선점 혼란전술이라 한다. 남한 사람들에게 거룩하게 들리는 '사람', '민주화 운동'이 북에서는 살인과 파괴를 의미하는 이념 용어이다. 여기에 남한 국민이 속아서 저들의 장단에 부화뇌동하는 것이다.

대한민국의 온갖 부와 자유를 향유하면서 자나깨나 대한민국을 파괴할 생각만 하는 사람들, 미국에 자식을 유학 보내고, 영주권을 따게 하면서도 미국을 증오하는 소리를 내는 사람들, 일본의 첨단제품을 사용하고, 일본 내복을 입고, 일본 술을 마시면서도 일본을 욕하는 표리부동한 협잡꾼들이 대통령이 되고 국회의원이 되고 도지사가 되는 어지러운 사회가 대한민국이다. 조상이 공산 혈통이어서 북한의 노예가 된 사람들, 간첩이 제공하는 돈과 여자라는 미끼에 걸려들어 약점 잡힌 사회 인사들, 북에 가서 약점 잡혀 협박당하는 사회 인사들, 멋모르고 세뇌되어 부화뇌동하는 소시민들, 이들을 모두 합치면 아마 대한민국 인구의 절반은 넘을 것이다. 이들이 가장 열렬한 반미, 반일주의자들이고, 나머지는 교과서와 언론, 영화, 드라마, 서적, 전교조 교사들에 의해 반일 사상을 주입 당한 사람들이다.

 남한의 정치 역사는 끝없는 대남공작의 역사

해방 후의 남한 역사는 구소련과 북한이 주도하는 대남공작의 역사였고 끝없는 폭동의 역사였다. 해방 직후인 1946년 여름 전라남도 김대중 고향인 하의도에서 미군정에 반대하는 농민 폭동이 일어났고 이어서 화순탄광 노동자들이 미군정에 반대하는 폭동을 일으켰다. 폭동 자금을 마련하기 위해 위조화폐를 찍어냈지만 정판사 사건이 발각되는 바람에 폭동 자금을 소련이 댔다. 1946년 9월 총파업은 1개월 내내 전국 경제와 통신과 교통을 마비시켰고, 10월 1일부터 46일 동안 지속됐던 대구폭동사건은 삼남지방 전체에 피를 뿌렸다.

좌익들은 9월 총파업과 대구폭동을 미군정의 폭압정치, 약탈 정치에 항거한 정당방위적 '민주화 운동'이라고 몰고 갔지만, 1995년 비밀 해제된 구소련 문서 '스티코프 비망록'에는 소련이 9월 총파업에 일화 200만 엔, 대구폭동에 300만 엔을 지원했다는 기재가 있다. 이후 좌익들은 9월 총파업과 대구폭동에 대해 일체 함구했다. 일화 500만 엔이라면 10:1만 쳐도 5천만 원이 아닌가? 1946년 당시 500만 원이면 그 30년 이후인 1980년 화폐로 얼마나 될까? 1980년 200만 원이 강남 30평형 아파트 한 채 값이 아니었던가? 강남 아파트 수백 채 값이었다는 계산이 나온다. 대구폭동을 배후 조종한 인물이 간첩 '이석'이었고, 4.19를 배후 조종한 인물도 간첩 '이석'이었다. 거물간첩 출신 김용규 역시 4.19는 북한의 작품이라고 강조했다.

 친북 반역 세력의 뿌리

1919년 국제공산당(코민테른)이 창설되자 전 세계에 공산주의 바람이 불었다. '세계의 모든 노동자들은 국경을 초월하여 국제공산당이 되자'는 달콤한 선전 선동에 양심을 자랑하는 어설픈 지식인들이 이른바 진보세력을 자처하면서 호응했다. 1924년, 안동공고 출신 김재봉이 코민테른 밀명을 받고 서울에 와서 '조선공산당'을 지하에서 창당했다. 일본 경찰이 이들을 체포하기 시작하면서 이들은 감옥을 들락거리며 지하조직을 확대해 나갔다.

해방을 맞자 공산주의자 여운형이 재빨리 나서서 일본 총독으로부터 치안과 행정을 인수받겠다며 건준(건국준비위원회)을 조직했지만, 곧장 박헌영에게 조직을 빼앗겼다. 박헌영은 '건준'을 '인공'(인민공화국)으로 바꾸었다. 붉은 완장을 찬 인공 요원들이 대세를 굳히며 세도를 부렸다. 미군정이 통치에 나서고 이승만이 귀국하면서 이 '인공'은 지하화하여 남로당으로 성장했다. 제주도에서는 팔로군을 모태로 하는 무장 병력 350명이 인민군을 자처하면서 마을로부터 지원을 받아 장기 유격전을 폈다. 당시 제주도는 육지와의 교통수단이 열악하여 제주도 사람들끼리만 결혼하다 보니 동성결혼이 만연했다. 모두가 친척이기 때문에 마을의 한 사람만 남로당에 포섭되면 마을의 80% 이상이 포섭됐다. 마을 전체의 지원을 받는 한라산 무장 유격대를 토벌한다는 것은 장기 소모전일 수

밖에 없었다.

　북조선은 소련군이 먼저 진주함으로써 1946년 2월에 이미 김일성을 간판으로 하는 소련의 위성국이 돼 있었다. 이승만은 소련의 지능적인 방해를 극복하면서 남조선에 대한민국을 건국하기 위해 헌법을 기초하는 제헌국회부터 설치하려고, 1948년 5월 10일을 선거일로 정했다. 소련과 김일성은 이를 방해하기 위해 살인과 폭동을 전국적으로 주도했다. 선거 방해를 위한 폭동은 제주도에서 가장 두드러졌다. 1948년 4월 3일 새벽, 무장한 한라산 유격대가 12개 경찰서 및 파출소를 일시에 공격하며 수많은 경찰관과 그 가족들을 학살했고, 마을 유지들을 학살했다. 초대 인민군 사령관 김달삼(23세)이 북한 황해도 해주로 잠입한 후 뒤를 이은 2대 사령관 이덕구는 갓 출범한 대한민국을 상대로 반란 전쟁을 선포했고, 이에 이승만 정부는 제주도에 계엄령을 선포하면서 육지에 있는 경비연대들을 투입했다. 갓 태어난 국가에 무슨 군대가 있었겠는가?

 해방 이전부터 뿌리 박은 빨갱이 세력

　미군정은 각 지역마다 연대 단위를 설치하여 국방경비대를 창설하고 있는 중이었다. 제주도 사람들로 구성된 제주도 제9연대는 그 80% 정도가 남로당 사상을 가지고 있었고, 연대장

김익열 중령은 23세의 한라산 사령관 김달삼의 졸개 역할을 했다. 인력을 공급해 주고 무기와 탄약까지 공급해 준 것이다. 1948년 10월 19일, 여수에 있던 제14연대를 제주도에 투입시키려 하자 연대 내의 공산주의자들이 총구를 거꾸로 돌려 연대 간부들을 살해하고 이어서 여수와 순천의 공무원과 경찰가족을 잔인한 수법으로 학살한 후 백운산으로 도주하여 장기 유격전 단계로 돌입했다. 여수-순천 반란 사건에 충격을 입은 이승만 대통령은 즉시 국가보안법을 제정하고 4차례에 걸쳐 숙군작업을 하여 7천여 명을 숙정하였지만, 공비토벌 사령관이었던 송호성 준장은 1950년 6월 28일 서울이 함락되자 즉시 인민군 복장으로 갈아입고 국군을 상대로 전투를 했다.

6.25 직전의 한국군을 간첩이 지휘했다는 의혹이 매우 짙다. 이 의혹은 군번1번 이형근 대장의 회고록 55~57쪽에 '10대 불가사의'라는 제목으로 제기돼있다.

① 일선 부대에서 올라오는 수많은 적정 보고를 군 수뇌부가 계속 묵살했다.
② 전쟁 발발 2주 전, 전후방 모든 사단장과 연대장을 모두 일시에 교체했다.
③ 전후방 모든 부대를 이동시켜 낯선 지형에서 6.25를 맞게 했다.
④ 6월 11일부터 발령 중인 비상경계령을 6월 24일 00시에

해제했다.

⑤ 6월 24일, 전 장병 50%를 휴가 보냈다.

⑥ 전후방 중령급 이상 장교들을 6월 24일 육군본부 장교클럽에 불러 밤을 새워 양주와 댄스를 즐기게 했다.

⑦ 쓰나미처럼 몰려오는 적진을 향해 병력을 살라미식으로 잘게 분리하여 축차 투입시켜 쉽게 사살당하게 했다.

⑧ 6월 25일부터 27일까지 국군이 계속 밀리기만 했는데도 국군이 반격하고 있다는 허위 방송을 해서 군과 국민을 혼란시키고, 한강변에 피난 차 나와 있던 유지들을 집으로 돌아가게 하여 남로당원들에게 학살당하게 했다.

⑨ 병력과 군 장비와 대포와 군수품이 한강 이북에 있는데도 한강교를 조기 폭파했다.

⑩ 명령을 받고 한강교를 폭파한 최창식 공병 대령을 1950년 9월 21일 비밀리에 처형하여 증거를 인멸했다.

상상할 수도 없는 이 무모한 행동을 지휘한 사람은 도대체 누구인가? 이는 불가사의이기도 하지만 있을 수도, 상상할 수도 없는 이변 중의 이변이었다. 허를 찔러 상식 이하의 돌출적 행동을 하는 집단이 따로 남한 사회 요소요소를 장악하고 있는 공산주의자요 간첩들이다. 대한민국 역사상 가장 많은 간첩들이 파견돼있는 시기가 바로 지금일 것이다.

 적장과 간첩에 충성한 대한민국의 대통령들

1965년에는 간첩들이 버젓이 '통혁당'(통일혁명당)을 창당했다. 통혁당 요원들은 1967년 목포에서 국회의원에 출마하는 김대중을 당선시키기 위해 밤낮으로 선거운동을 했다. 통혁당 당수 김종태는 북한에서 공공연히 영웅으로 떠받들리고 있다. '김종태 전기기관차 공장'이 대표적인 상징이다. 통혁당 조직국장 신영복은 무기징역을 받았지만 조기 석방되어 한국 사회에서 버젓이 영웅으로 추앙받고 있다.

2017년 당시 대통령이었던 문재인은 북한의 내각 총리 김영남과 김정은의 여동생 김여정을 청와대로 초청해 사진을 찍었다. 사진의 배경은 청와대 벽을 가득 채운 초대형 그림이었다. 신영복의 서화와 한반도기가 그려진 그림이다. 이 벽화를 배경으로 찍은 문재인과 김여정의 사진 한 장 그리고 같은 벽화 앞에서 찍은 문재인-김영남-김여정의 사진 한 장이 김정은을 향한 충성 맹세였다. 이것도 모자라 문재인은 평창 동계올림픽에 참가한 국빈들의 만찬 행사에서 분위기와 격에 어울리지 않게 뜬금없이 신영복을 극도로 찬미하는 연설을 했다. 허공을 바라보며 날린 그의 연설은 올림픽 참가자들에 하는 연설이 아니라 김정은에 보내는 충성 맹세의 연설이었다.

문재인은 또 너무나 유명한 거물 간첩 윤이상(작곡가)의 묘가 있는 독일에 가서 부인 김정숙을 보내 동백나무를 심게 하는 퍼포먼스까지 펼쳤다. 이 역시 김정은에 보여주는 충성 메시지였을 것이다. 얼마 후에는 아예 윤이상 유골을 독일에서 파다가 통영에서 가장 아름다운 해변 동산에 묻었다. 그 동산에는 윤이상 음악단지가 대형 건물들로 장식돼 있다. 통영시 전체가 윤이상의 고장이 돼버린 것이다. 일국의 대통령이 이토록 노골적으로 북을 위해 충성하는 나라가 대한민국이다.

대통령 노무현은 차라리 김정일의 직속 부하라 해야 적절한 표현이 될 것이다. 노무현은 김정일을 만나 NLL을 무력화시키고 있다고 충성심을 표했고, 주한미군을 서울에서 지방으로 추방시켜 버렸다고 자랑도 했다. 국가보안법을 폐기하려고 애를 쓰는 중이고, 미군과의 작전계획 5027를 폐기시켜 버렸다고 자랑을 했다. 이런 노골적인 반역자를 '민주화 대통령'이라고 추종하는 국민이 너무 많다.

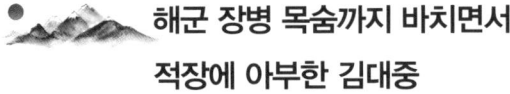
해군 장병 목숨까지 바치면서 적장에 아부한 김대중

대통령 김대중은 또 어떤가? 2000년 6월 15일의 정상회담 댓가로 4억 5천만 달러를 국민 몰래 주었다. 이에 대한 의혹이 제기되자 단 한 푼도 준 적이 없다고 엄포를 놓다가, 미국이 발견해주니까 침묵했다. 유명한 저널리스트 손충무 씨는 그의 여러 저서에서 10억 달러를 주었다고 폭로했다. 이는 몰래 준 돈이고 공개적으로 통치 행위임을 가장해 북에 넘겨준 달러가 70억 달러라 한다. 개성 관광 사업과 금강산 관광 사업을 통해 국민 주머니를 털게 했고, 금강산 독점사업권이라며 현대상선에 9억4천2백만 달러를 북한에 건네주라 했다. 쌀, 비료를 1회에 30만 톤, 50만 톤씩 여러 차례 보냈고, 기업들을 닦달해 북한에 조공을 바치라고 강요했다.

드디어는 제2연평해전을 통해 대한민국 해군 장병 6명의 귀한 생명을 김정일을 기분 좋게 만들어주기 위해 바쳤다. 2001년 말 북 경비정이 NLL을 침범했다가 우리 해군의 포를 맞아 연기를 내면서 견인돼 간 적이 있다. 김정일은 이 원수를 '백배천배' 갚겠다며 거품을 뿜어냈다. 김대중이 이런 김정일에 설욕의 기회를 마련해 주었다. "북한 경비정이 보이면 500m까지 다가가서 기동만 하고 절대 먼저 쏘지 말라"는 참으로 유치한 명령을 내려 대한민국 해군 장병의 목숨을 김정일 기분 좋아하라고 바쳤다. 그리고 바로 그날 일본으로 월드컵 축구 구경한다며 골수 공산주의자 임동원을 데리고 손 흔들며 일본행 비행기를 탔다. 이런 저질 반역자가 대한민국 민주화의 화신이 돼 있는 이 기막힌 사실에 절망하고 분노하는 국민이 왜 대한민국에 많지 않을까?

괴담 제조의 악령들

　김일성주의자들에는 일본만이 괴담 제조의 대상이 아니었다. 이승만과 미국도 괴담과 모략의 대상이었다. 이승만에 대해서는 독립자금을 모금해서 중간에 갈취했다느니, 여성들을 탐했다느니, 6.25에 혼자만 한강을 건넌 후 한강교를 폭파해 서울시민들과 국군을 한강 이북에 고립시켰다느니, 온갖 허위사실을 지어내 모략했고, 미국에 대해서는 전쟁광이니, 6.25 때 양민을 학살했다느니, 기지 주변을 독극물로 오염시켰다느니 등으로 모략했고, 한국군에 대해서는 학살 집단이니, 군발이니, 베트남전 용병이니, 베트남 양민을 학살하고 베트남 여인을 마구 강간했다느니 온갖 추잡한 괴담을 만들어 냈다. 이 모든 것들은 다 상서롭지 못한 추잡한 말들이다. 이 괴담의 색깔과 클라스가 대한민국에 기생하는 김일성주의자들의 심성과 인격을 그대로 반영한 것이다.

박정희 타도 수단, 노동폭력

　강제징용, 강제노동에 대해서는 일본만 겨냥한 것이 아니다. 박정희 대통령도 겨냥되었다. 박정희에 비하면 일본에 대한 공격은 새발의 피 정도다. 공산주의자들의 기업 파괴 도산공작은 1964년에 개신교 종교인들이 구성한 '도산(도시산업선교회)'으로부터 출발되었다. 1964년 목사를 가장한 공산주의자들이 스스로를 '혁신계 목사'라며 300여 명이 모여 도산(도시산업선교회)을 형성했다. 성경을 해방신학이니 민중신학이니 그럴듯한 이름으로 포장하여 근로자들을 포섭하고 훈련시켜 노사분규의 전투 요원으로 양성했다. 의식화된 대학생을 기업에 위장취업시켜 가장 여리고 순진한 근로자를 골라 친구로 지내게 하면서 노동 전사로 의식화시키고 소영웅심을 발휘하게 만들어 기업 도산의 도구로 삼았다.

1970~80년대의 모든 기업들이 노이로제에 떨었다. '도산이 오면 도산한다.' 도시선교산업선교회가 기른 대학생 위장취업자가 침투하면 기업은 반드시 도산한다는 데에 대한 공포의 표현이었다. 정치계를 주무른 인명진 목사가 대표적인 위장취업자 양성자였고, 경기도 도지사를 지냈던 손학규와 김문수가 모두 위장취업자 출신들이다. 위장취업자가 얼마나 심각했는지 그 일단이 2006년 11월 24일, 전직 장관 및 장군 모임인 '한국발전연구원' 조찬 강의에 초대됐던 당시 손학규 지사의 강연에 잘 나타나 있다.

"저는 실제로 대학을 졸업하면서 취업을 할 생각을 하지 않고, 소설가 황석영씨와 같이 구로동 수출공단에 들어가서 일을 했습니다. 취업을 하려고 들어간 것이 아니었습니다. 어떻게든 노동자들을 조직해서 이 사회를 뒤엎을까 하는 생각만 했습니다. 공장에 취직해서 다니다가 친구에게 들킬 형편이 되어서 다른 공장을 찾고 있던 중에 박형규 목사님께서 노동운동보다 중요한 것이 빈민운동이라고 해서 청계천 판자촌에 가서 살았습니다."

박정희 대통령은 어떻게 하면 잘 살아볼까 하고 구로공단 단지를 만들었는데 붉은 사상을 가진 손학규는 그곳에 위장취업자로 들어가 순진하게 일하는 어린 근로자들을 꼬드겨 국가를 파괴하고 젊은 인생을 파괴하려 밤낮으로 노력한 것이다.

악마의 전사 위장취업자들

인명진 목사 등이 지하에서 길러낸 손학규와 김문수 등과 같은 위장취업자들이 길러낸 노동 전사들이 어느 날부터 섬뜩한 구호를 외치기 시작했다. "노동자와 사용자는 공존관계가 아니라 적대관계다.", "사용자를 폭력으로 타도하고 노동해방을 이룩하자", "사용자는 쓸어버려야 할 한 줌의 적이다." "항복하느니 차라리 죽자.", "구걸하여 얻느니 차라리 죽자." 순진한 어린 노동자가 어떻게 이렇게 무섭게 변했는가?

"네가 이렇게 고생하고 있는 것은 너의 부모가 무능해서가 아니라 정치와 사회구조가 잘못돼서 그런 것이다. 정치가들은 미 제국주의 앞잡이이기 때문에 나서서 타도해야 한다." 열등의식으로 가득했던 어린 청년에게 대학생이 친구가 되어주니, 그 대학생 친구의 말은 모두 다 옳았다. 썩은 세상을 바로 잡을 사람은 자기밖에 없다는 영웅심이 길러진 것이다. 어제까지도 '열심히 일하고 알뜰하게 생활해야 한다'는 생각을 가지고 있던 순진한 근로자들이 천만 노동 형제의 해방을 위해 이 한 몸 바치겠다는 노동 전사, 노동투사로 탈바꿈한 것이다. 수많은 병아리가 기계에 의해 부화하듯이 노란 노동투사들이 대량으로 부화된 것이다.

기업주를 기둥에 묶어놓고 식칼로 배를 그어 피를 내면서 조롱했다. "첩이 몇 명이냐?", "외제차가 몇 대냐?", "호화저택이 몇 채냐?" 기업주를 야전 화장실에 가두어놓고 불을 지르겠다며 하루 종일 겁을 주기도 했다. 이렇게 야수처럼 길러진 노동자들이 지금의 민주노총이다. 결국 민주노총은 박정희를 타도시키는 과정에서 태어난 프랑켄슈타인인 것이다. 민주노총은 기업의 생산성을 좀먹고 귀족 행세를 한다.

안양 1번가의 삼덕제지, 질 좋은 화장지를 포함해 여러 가지 종이를 생산했다. 어느 날 민주노총에 회유당한 수십 명의 순진했던 근로자들이 일은 하지 않고 몇 달간 꽹과리를 치고 풍물놀이를 하고 술을 마셨다. 자수성가한 기업주는 땅을 안양시에 기부하고, 기업을 폐쇄하고 외국으로 떠났다. "돈을 태평양 바다에 투척하는 한이 있더라도 저런 짐승들에게는 단 한 푼도 줄 수 없다. 나는 몸만 떠나는 게 아니라 영혼까지

떠난다."는 말을 남겼다.

인간 불화살, 17명

반기업 정서를 확산하고 기업을 도산시키기 위해 그들은 자신들이 부화시킨 노동 전사를 '인간 불화살'로 희생시켰다. "너는 영웅이다. 사람들을 많이 모아줄 테니 너는 '이 한 몸 불살라 천만 노동자를 해방시키겠다.'는 구호를 외치고 머리에서부터 신나를 뒤집어써라. 거기까지만 해라. 그러면 너는 일약 영웅이 된다."며 꼬셨다. 순진한 영웅은 가슴이 부풀어 영웅이 되는 순간의 기쁨을 기다렸다. 풍물패를 동원하고 사람들을 유혹시켜 광장에 모아주니까 소영웅은 약속을 이행했다. 여러 사람들이 바람잡이를 하고 주위를 어지럽게 하면서 "일천만 노동자들의 자유를 위해 이 한 몸 바친다"는 절규가 끝나자마자 성냥불을 그어댔다. '인간 불화살'. 이렇게 죽은 어린 소영웅들이 1970~1980년대에 17명이나 되었고, 그 제1호가 전태일이었다. 1970년 11월 13일, 전태일이 청계천 평화 시장통 국민은행 앞 광장에서 화염의 이슬로 사라졌다.

1976년 4월 김일성은 전태일 신격화에 대한 비밀 지령을 내렸다. 이는 일본 산케이신문에 김일성 비밀 지령 시리즈로 보도됐던 내용이다. "전태일의 분신자살, 이 얼마나 좋은 선동 자료입니까? 물론 청계천피복조합이라는 것은 보잘것없는 조직이지만 우리는 전태일을 영웅으로 만들어내야 합니다. 추모 사업회도 만들어 대대적으로 선전해야 합니다." 남한에서 발생한 모든 사회 소요 현상은 그 답이 이미 김일성 어록에 다 들어있다.

이명박이 김일성 지령을 수행했다. 그는 서울시장 때 청계천 시장이라는 먹거리 단지 산업을 폐쇄하고 그 장소에 전태일 거리 700미터를 만들어 전태일 신격화 작업을 했다. 청계전 길이는 5.8km, 물은 멀리 한강에서 파이프를 통해 펌핑해다가 물이 흐르는 것처럼 만들어놓았다. 이 비용이 아마도 연간 수십~수백억 원에 달할 것이다. 전태일 영웅화를 위해 들어가는 돈이라 할 수 있을 것이다. 전태일 거리에는 동상이 서 있고, 그를 영웅시하는 글들이 이름 있는 사람들에 의해 동판에 새겨져 타일처럼 박혀있다. 전태일 추모사업회도 있고, 전태일 수기, 전태일 평전도 있다. [다시 쓰는 이야기 한국사 2]의 195쪽과 [사진과 그림으로 보는 한국사편지5]의 203쪽에는 전태일이 위장취업자들에 의해 속아서 죽었다는 사실이 기재돼 있다.

김일성의 작품, 전태일 신격화

"위인 전태일, 전태일 열사는 쌍문동, 도봉산 기슭에 있는 판자집에 살았다. 1970년 11월 12일 마침, 전태일 열사는 어머니께 이렇게 말했다. 어머니, 내일은 좀 심상치가 않습니다. 오후 1시에 국민은행 앞으로 나와서 구경하세요. 국민은행 앞, 현수막에는 '우리는 기계가 아니다'라고 쓰여 있었다. 500여 명의 노동자들이 경찰에 쫓기고 있었다. 바로 그때였다. 시위대 옆 골목에서 온몸에 불길을 뒤집어쓴 사람이 튀어나왔다. '근로자 기준법을 지켜라!' '우리는 기계가 아니다!' '일요일은 쉬게 하라!' 바로 전태일이었다. 불에 타고 있는 전태일의 손에는 근로기준법 책자가 쥐어져 있었다."

1970년 11월 12일 전태일이 신발을 신으면서 어머니에게 '내일' 오후 1시에 청계천 국민은행 앞에 나오면 구경거리가 있다고 말했다 한다. 세상의 어느 자식이 자기가 불에 타 죽을 줄 알면서 어머니에게 구경하러 나오라 할 수가 있을까? 이 자체가 전태일이 타살됐다는 사실을 웅변하고도 남을 것이다. 화염에 불타서 고통스럽게 뛰어나오는 전태일이 "근로기준법을 지켜라! 우리는 기계가 아니다! 일요일은 쉬게 하라!"는 구호를 길게 한동안 외쳤다는 것도 만화 같은 꾸밈이고, 몸은 다 불이 탔는데 종이책 '근로기준법'이 손에 쥐어져 있다는 것도 코미디다. 조작이라 해도 조작의 솜씨가 너무 엉성하다.

1970~80년대에 17명의 끔찍한 전태일을 만들어낸 이유는

오로지 박정희를 타도하고 대한민국을 파괴하여 소멸시키려는 데 있었다. "자고 깨면 어떻게 대한민국을 파괴할 것이냐, 이것만 생각했다"는 전 경기도지사 손학규가 대한민국에는 수십만이었다. 그런데 일본을 모략하는 인구는 얼마나 많겠는가!

일자리 못 만드는 김일성은 존경, 일자리 만들어준 박정희는 웬수

실제로 노동청 집계에 따르면 평화시장, 통일상가, 동화시장에는 428개의 작업장과 7,600명의 노동자가 있었다. 1961년 박정희가 집권할 당시 한국의 실업율은 30%, 살인적인 수치였다. 일할 곳만 있으면 죽음도 불사했다. 그런데 당시 전태일이 일했던 피복 분야 근로자들은 기술 정도에 따라 사장 봉급보다 더 높았다. 재단사, 미싱사, 재단 보조, 미싱 보조, 시다로 분류되는 직급들이 있었다. 시다는 월급이 1,800~3,000원, 미싱사는 7,000~25,000원, 미싱보조가 3,000~15,000원, 재단사 월급이 15,000~30,000원이었다. "대학을 왜 가느냐? 기술이 최고다." 이 말이 당시의 유행이었다. 전태일 직종은 봉급이 높은 편이었다. 박정희 대통령은 일자리 없어 굶는 사람들에게 일자리를 마련해 주었지만 북한 김일성과 그 아들과 손자는 지금도 저승으로 내몰리는 꽃제비만 늘려가고 있지 아니한가!

 파괴, 폭행, 강간하면 민주화 영웅

위장취업자들이 가장 많이 암약하는 청계천, 1980년 1월 9일, 청계피복노동조합이 농성 투쟁을 벌인 것을 신호로 4월 29일까지 근 5개월 동안 전국적으로 719건에 노사분규가 발생했다. 1980년 4월 17일, 강원도 사북탄광 광부 1,000여 명이 노조 지부장 부인을 나체로 정문 기둥에 묶어놓고 45시간 동안이나 난잡한 린치를 가했다. 부인을 번갈아 성폭행한 주동자들을 노무현 정부는 2005년 민주화 유공자로 등극시켰다. 4월 21일부터 3일 동안은 광부와 부인들과 식구들까지 총동원하여 3천여 명이 곡괭이, 파이프 등을 가지고 광업소 경찰지서, 기차역, 도로를 점령하고 파괴를 일삼아 사북 일대가 무법천지로 변했다.

이에 김일성은 사북 폭동을 전국으로 확산하라는 비밀 지령을 내렸다. 이에 따라 4월 25일부터 20일 동안 987건의 노동 폭동이 발생했다. 노동자들의 구호는 노동 구호가 아니라 정치구호였다. "죽기 아니면 살기다.", "계엄령을 철폐하라.", "배고파 못 살겠다.", "같이 죽고 같이 살자."

 노동 폭력 선동하고, 재벌 해체 주장한 노무현이 대통령

노동자를 대한민국 파괴 전투 수단으로 기른 대통령들은 김대중, 노무현, 문재인, 이른바 친공 반역자들이었다. 노무현, 그는 1988년 7월 8일, 국회 대정부 질문에서 주장했다. "재벌은 해체돼야 합니다. 재벌 총수와 그 가족이 독점하고 있는 주식을 정부가 매수해 노동자에게 분배합시다...... 토지도 같은 방법으로 합시다...... 지금 제가 하는 주장은 그냥 해 보는 소리가 아닙니다."

노무현은 또 1990년 5월 4일, 국회의원 자격으로 현대중공업 파업 현장에 가서 노동자들에게 연설을 했다. "노동자가 하루를 놀면 온 세상이 멈춥니다. 그 잘났다는 대학교수, 국회의원, 사장님 전부가 뱃놀이 갔다가 물에 풍덩 빠져 죽으면, 노동자들이 어떻게든 세상을 꾸려 나갈 것입니다. 그렇지만 어느 날 노동자가 모두 염병을 해서 자빠져 버리면 우리 사회는 그날로 끝입니다. 그럼에도 불구하고 법률, 경제, 사회관계 등 모든 것을 만들 때 여러분들이 만듭니까? 아닙니다. 이제 여러분의 대표가 이런 것을 만들어야 합니다. 그게 바로 오늘 한국의 노동자가 말하는 노동자가 주인이 되는 세상입니다. 그런 사회를 위해 우리 다 함께 노력합시다. 여러분!"

국가 반역자들이 대통령

이처럼 대한민국에는 대한민국과 일본을 한데 묶어 파괴하려는 공산주의자들이 대통령도 되고 판사도 된다. 1964년 6.3 사태에 선봉에 섰던 고대생 이명박이 젊은 가슴에 반일 의식을 배양했고, 그 반일 의식은 2012년 그의 임기 말, 느닷없이 독도를 직접 방문하는 돌출행동으로 나타났다. 2018년 11월 박근혜 정부 때 위안부 문제를 종결짓기로 합의했고, '화해치유재단'을 설치했지만, 골수 주사파 문재인이 재단을 해체하고, 국가 간의 협정을 파기했다. 이는 국가가 무엇인지도 모르는 김정일 집단에서나 있을 수 있는 망동이었다.

1993년에는 '고노' 담화가 있었다. 위안부에 대한 사죄의 내용이었다. 1995년에는 무라야마 담화가 있었다. 식민통치에 대한 정중한 사죄였다. 그런데 원자로와 원자탄을 구별하지 못하는 내공 없는 김영삼이 종북주사파들의 부추김에 들떠 경거망동을 했다. 중앙청 건물을 일제 잔재라며 헐어버렸고, 남산 외인아파트 2채를 외세의 상징이라며 폭파시켰고, "일본의 버르장머리를 고쳐놓겠다"는 망언을 했다. 상서롭지 못한 방법으로 정치놀음에 빠졌던 그는 경제에 대해서는 관심조차 없었다. 1997년 IMF 외환위기를 당하자 유일한 구원 국가였던 일본이 달러를 꾸어주지 않아 수많은 기업과 자영업자들의 처참한 자살사태를 만들어냈다.

국보법 위반자가 대법관인 나라

대한민국 명예를 더럽히는 이런 행위는 염치와 수치를 전혀 알지 못하는 공산주의자들의 전매특허라는 사실을, 한국 국민과 일본 국민은 마음에 새겨야 할 것이다. 문제의 성격을 확실히 이해해야 한국과 일본은 미래를 공동으로 개척할 수 있을 것이다. 실제로 대법원 대법관 중에는 주사파 판사가 있다. 1985년 국보법 위반사건인 깃발 사건으로 투옥되어 1심에서 3년 징역형을 받은 이흥구 대법관이 현역으로 복무하고 있다. 대한민국에서 주사파로 널리 인식돼있는 여성 대법관 노정희는 눈에서 무서운 레이저 광선을 발산하고 있다. 서울중앙지방법원의 부장판사는 거의가 다 주사파인 것으로 알려져 있다. 일본 문제를 일으키는 반일주의자들은 거의가 다 공산주의자들이라는 사실도 한일 양국 국민이 마음에 새겨야 할 중요한 팩트다.

일본군 위안부

일본의 의미

지/만/원

05

일본군 위안부

일본군 위안부 문제의 발단

일본군 위안부 시스템에 문제가 있었는가? 여기에도 아무런 문제가 없었다. 문제가 없는 것을 반국가 세력이 허위로 모략하여 반국가 활동에 이용했을 뿐이다. 위안부 문제가 처음 나타난 것은 1990년 노태우 시절 이대 교수 윤정옥이 정신대를 위안부로 착각하고 정신대 문제를 선정적으로 보도한 데서부터였다. 곧바로 1990년 11월 16일 정대협(정신대문제대책협의회)이 설립되었고, 이때부터 한일관계는 정대협이 좌지우지했다.

1945년 해방이 되면서부터 1990년까지 45년 동안 위안부 문제는 단어조차 존재하지 않았고, 1951년 10월부터 1965년 6월 22일 한일협정이 타결될 때까지 14년 동안 1,500여 회의 회담이 있었지만 회담 안건에는 위안부의 '위'자도 들어있지 않았다. 1980년대 한국 땅을 주사파 즉 김일성주의자들이 장악하면서부터 '찜짜붙기' 전략으로 등장한 것이 '일본군 위안부' 문제였다.

 모략 수단으로 악용한 일본군 위안부

일본군이 위안소를 운영한 기간은 1937년, 중일전쟁이 본격화됐을 때부터 1945년 해방될 때까지의 8년 동안이었다. 여러 연구들에 의하면 이 8년 동안 일본군 위안소에 등록됐던 여성 수는 누적 인원 3,600명이었고, 그중 40%가 일본 여성이었다. 두 번째로 많은 여성은 중국 여성, 그리고 나머지가 조선, 싱가포르, 말레이시아, 미얀마 등 아시아 10개국 여인들이었다고 한다. 기록에 의하면 조선 여성은 1941년에야 처음으로 20명 단위로 일본군 위안소에 명함을 냈다.

중국은 우리나라처럼 식민지까지는 아니었는데도 일본군 위안소를 우리보다 훨씬 더 많게 채웠다. 그런데 일본 여성들도 말이 없고, 중국 여성들도 말이 없고, 아시아 10개국도 말이 없다. 한국에서도 해방 후 45년 동안이나 말이 없었다. 김일성 신봉자들이 뒤늦게 나서서 한일관계를 훼방놓고, 한국의 이미지를 추락시키고 북한 정권에 충성하기 위해, 없는 문제를 창작하여 선전선동 모략 수단으로 악용한 것이다. 모략은 이렇게 시작됐다. "일본 순사와 헌병에 끌려가 위안부가 된 조선 여성의 수가 20만 명이나 되었다." 0을 세 개나 더 붙인 것이다.

05 일본군 위안부

위안부는 붉은 괴담의 소재

삼성, 현대, LG 등 대한민국 유수의 기업들이 대한민국의 브랜드 가치를 올려놓는 동안 이들 내적들은 대한민국을 창녀의 나라, 위안부의 나라로 이미지를 추락시키는 데 혼신을 다했다. 대한민국 땅을 소녀상으로 뒤덮고 미국과 유럽 땅에도 소녀상을 설치해 '대한민국은 창녀의 나라' 라는 더러운 이미지를 확산시켰다. 일본군을 '성도착에 빠진 인간 늑대'라고 비하했다. "제주도 아낙이 밭일을 하고 있는데 일본 순사가 위안부로 잡아갔다. 우물가에서 물동이를 이고 가는 처녀를 일본 순사가 낚아채 갔다. 서울의 어느 초등학교 5학년 반에 헌병이 담임 선생을 대동하고 나타나 덩치 큰 12살 여학생을 잡아갔다." 위안부 관련 괴담들은 1980년 광주의 유언비어만큼 많고 황당했다. 이 황당한 괴담들은 김대중이 여성가족부(여가부)를 신설함으로써 더욱 증폭됐다. 여가부와 정대협의 콤비 플레이로 위안부 문제는 5.18과 동급의 수준으로 성역화됐다.

"엄마, 나도 커서 위안부 될래!"

동기와 목적은 이념이었다. 한일 관계를 대립관계로 악화시켜 대한민국의 번영을 방해하고 김일성의 항일 신화를 더욱 빛나게 만들려는데 그 목적이 있었던 것이다. 해방 직전에 일본군 위안부가 20만 명이나 되었다 했는데 어째서 1948

년 2월에 서울시에 등록돼있는 위안부 수가 조선 땅에서 조선인을 상대로 성을 팔던 창녀들을 포함해 겨우 568명뿐이었는가?

적화세력이 이룩한 공적은 무엇인가? 국제사회에 한국 여성을 위안부와 동일시하도록 만들어놓은 것이다. 한국 여성이 외국에 나가면 세계인들은 한국 여성을 보고 위안부를 상상할 것이며 한국에 관광을 오는 외국인들 역시 한국 여성들을 볼 때마다 위안부와 결부시켜 상상을 할 것이다. 소녀상은 한국 여성 가슴 가슴에 더러운 주홍글씨를 달아주는 악이고 추물이다. 생각없는 한국 여성들, 어린 딸을 데리고 소녀상을 쓰다듬고 목도리를 둘러주고 꽃다발을 바쳤다. 어린 딸, "엄마, 나도 이 다음에 커서 위안부 될래". 위안부가 포부로 등장한 것이다.

위안부 놀음의 피해자들

2019년 한 인터넷 기사에는 참으로 모골이 송연한 내용이 떴다. 하버드 대학을 졸업하고 캐나다에서 산부인과 의사를 하는 여성 엘리스, 2019년 8월 어느 주말, 호주에 왔다가 운전 중, 밤 9시에 타이어에 펑크가 났다. 주말이라 수리를 하지 못해 견인차를 이용해 한 호텔로 갔다. 가기 전에 호텔에 전화를 걸어 방까지 예약했다. 막상 체크인을 하려는데, "당신 혹시

위안부 아니냐?"는 황당한 질문을 받았다. 화가 머리 끝까지 난 여의사는 경찰을 불러 항의했지만, 호주 경찰 역시 호텔 종업원 편을 들었다. 며칠 전, 그 호텔에 한국인 여성이 체크인해서 매춘행위를 했다는 사실을 보여주면서 당신도 한국 여성이니 받아줄 수 없다고 했다 한다. 결국 소녀상은 '한국 여성은 매춘녀'라는 트레이드마크가 된 것이다. 한국 여성을 천하게 비하시키는 이 소녀상, 대한민국에서도 세계 모든 곳에서도 시급히 제거돼야 할 대한민국의 추물인 것이다.

위안부 놀음에 눈물 짜던 지식인들

대한민국을 추락시키는 이러한 행동을 하면서 주사파들은 언론을 동원하여 '위안부'라는 존재 자체를 성역화시켰다. 5.18 성역화 방법과 똑같은 수법이었다. 그냥 '위안부'라고 부르면 안 된다. '위안부 할머니'라고 정중하게 호칭해야 한다. '위안부 할머님'들은 모두 다 가정에서 곱게 자란 규수였는데 짐승만도 못한 일본 헌병, 일본 경찰이 강제로 잡아갔다고 말해야 애국자가 되고 지식인이 되었다. 위안소에서는 매일 야수와 같은 일본 군인들이 달려들어 녹초가 되었다고 말하면서 눈시울을 적셔야 지식인이고 양심가가 되었다. 자발적으로 성매매 목적으로 브로커를 통해 위안소에 갔다고 하면 여러 해 징역을 살아야 했다.

 ## 성은 제2의 인간 욕구, 매춘 시장은 필수

심리학에는 '인간의 욕구'가 정의돼 있다. 제1의 욕구는 식욕, 그래서 음식의 재료와 음식의 완제품이 자연스럽게 시장화돼 있다. 제2의 욕구가 성욕(sex)이고 제 3의 욕구가 남으로부터 인정받는 욕구다. 그래서 사람들은 출세를 하려 하고 재능을 뽐내려 하고, 악행까지도 하여 남의 이목을 끌려고 한다. 세기의 악한 '알 카포네'도 스스로를 착하고 아름다운 사람이라고 인정받고 싶어 했다. 그런데 제2의 욕구인 성(sex)에 대해서는 왜 시장이 없어야 하는가? 매춘 시장 즉 섹스 시장을 지금처럼 불법 대상으로 막아놓은 존재가 노무현 정권이었다. 매춘의 시장을 여는 것이 공공의 이익에 부합하는 것인가? 아니면 지금처럼 폐쇄시켜 놓는 것이 공공의 이익에 부합하는 것인가?

일편단심의 숭고한 섹스도 있지만 충동과 거래에 휩쓸리는 섹스도 분명히 존재한다. 우선 매춘 시장을 폐쇄하면 어떤 문제가 발생하는가? 돌려차기 범죄가 기승을 부릴 것이고, 연쇄 살인 행위가 줄을 이을 수밖에 없다. 하수구를 막아놓으면 하수가 지상을 오염시킬 수밖에 없는 것이다. 이 세상 그 누구도 심리학이 공식 인정한 인간 제2의 욕구를 아무런 부작용 없이 강제로 틀어막을 수 있는 능력자는 없다. 그런데 이를 막은 것이다. 돌려차기해서 젊은 여성을 실신시켜놓고 일회성 만족을 취하거나, 강간하고 나서 끔찍하게 살해하는 사건도 있지 않은가? 당해놓고도 창피해서 고통과 트라우마를 홀로 삼키는 여성들이 얼마나 많겠는가?

노무현 부작용

또 다른 노무현 효과가 있다. 2016년, 미국의 공식 통계에는 미국에 진출한 매춘녀들 중 제1위로 많은 여성이 한국 여성이었다. 23.5%! 태국 여성이 그 절반도 안 되는 11.7%, 페루 여성 10.0%, 멕시코 여성이 9.6%였다. 만일 한국에 매춘시장이 살아 있었다면 한국 여성이 그렇게 많이 미국에 진출할 리가 없었을 것이다. 이것도 대한민국의 브랜드 가치를 허물고, 한국인에 대한 이미지를 부끄럽게 추락시키는 악의 효과인 것이다.

이어서 2017년 3월, 매춘관광에 나섰던 국영기업체 간부 2명이 포함된 한국인 남자 9명, 필리핀에서 성매매를 하다가 붙잡혀 6~12년의 감옥살이를 했다. 그 집안들은 쑥대밭이 되었을 것이고 그 9명의 인생은 지옥이 되었을 것이다. 이 무슨 국제망신이고 비극인 것인가?

매춘시장은 숙제

매춘 시장, 막아야 하는 존재인가, 열어야 하는 존재인가? 가정에 화장실이 있고, 사회에는 하수구와 정화시설이 있어야만 하듯이, 인간 제2의 욕구를 해결할 수 있는 사회적 배수구는 반드시 있어야 할 것이다. 섹스 시장을 부활시켜야 한다면 어떤 시스템으로 부활시켜야 할 것인가? 이것이 우리가 외면하지 말고 풀어야 할 숙제일 것이다.

지금까지의 매춘 시장은 두 가지 유형으로 분류됐다. 공창과 사창, 공창 시스템은 국가가 매춘 시장의 터를 정해주고, 그 지역에서만 매춘을 하도록 강제하는 것이고, 사창은 시장을 지정해 주지 않고 자연발생 현상에 내맡기는 것이었다. 공창 시스템 하에서는 인권 유린이 발생하지 않도록 국가가 최소한의 관리를 함과 동시에 성병을 예방하기 위한 진료 서비스를 제공하지만, 사창 시스템하에서는 정부의 모든 역할이 배제됐다. 공창 시스템에서도 매춘녀의 모집은 정부가 관여하지 않는다. 이것이 일본 공창 시스템이었다.

일본군 매춘과 미군 매춘

식민통치 마지막 10년(1935~45)은 조선의 산업혁명기였다. 땅 없이 노예 생활만 했던 농촌 노예들이 자유의 신분이 되자 도시로 몰려와 노동계급을 형성했다. 일본의 선정적인 잡지를 접한 도시 청춘 남녀들로부터 싹튼 신여성과 신남성에 대한 동경심이 입소문을 타고 농촌으로까지 파고들었다. 구박받던 처녀들에게 도시는 기회의 땅으로 떠올랐다. 이광수의 소설[무정]이 신문에 연재되면서 청춘 남녀들에게 도시 로맨스의 환상을 심어주었다. 심훈의 [상록수]에는 농촌 문화의 따분한 자화상이 거울처럼 묘사돼 있었다. 도시를 선망하던 농촌 처녀들의 골드러시가 인신매매단의 그물에 걸려들었다. 식모가 되고, 공순이가 되고, 식당과 기생집의 접대부가 되었다. 위안부 광고를 보고 뛰어든 여성들도 많았다. 화장품도 사고 싶었고, 예쁜 신여성 옷도 입고 싶었고, 장신구들도 갖고 싶었다. 미래가 꽉 막힌 가정폭력의 희생물이 되느니 위안부를 해서라도 자유를 누리고 신여성이 되고 싶어 하는 여성들이 충분히 생길 수 있었다. 여기까지가 일본이 불어넣어 준 자유의 바람이었다.

    해방이 되자 미군이 조선을 통치했다. 고급 유흥업소, 카바레 등 위락시설이 들어섰다. 파마머리에 립스틱 짙게 바르고, 하이힐 신고 다리 꼬고 앉아 양담배 꼬나물고 양주잔 기울이는 미국식 신여성, 뭇 여성들의 새로운 로망으로 부상했다. 유명 대학 여학생들과 가정주부들까지도 성에 개방적이 되었다. 눌려왔던 것만큼 용수철은 높이 튀어 올랐다. 성은 개방이 되었는데 미군정이 공창을 폐쇄시키고, 이승만 정부가 12년 동안이나 더 폐쇄시켰으니 그 폐해가 얼마나 극심했겠는가? 매춘 행위가 몰래몰래 주택으로 파고들 수밖에 없었다. 사회질서가 난잡해지고, 임질과 매독이 유행되었다. 체면상 병원에 가기를 꺼리는 바람에 성병은 더욱 기승을 부렸다.

공창 시스템은 도덕국가의 필수 인프라

일본식 공창 시스템이 도입돼야만 하는 이 절실한 시기에 박정희 시대가 열렸다. 박정희 대통령은 1961년 집권하자마자 도지사가 되고 시장이 되고 군수가 된 군 장교들의 건의를 받아들여 일본식 공창 시스템을 부활시켰다. 주택가와 동떨어진 곳들에 '적선지대' 즉 홍등가를 설정하여 매춘업자(포주)들로 하여금 영업을 하게 허가했다. 용산역, 서울역, 영등포역, 청량리역, 미아리, 신당동, 초동, 충무로 4가, 동두천, 의정부, 춘천, 원주, 속초, 강릉, 부산의 완월동 및 범전동, 대구의 오원동, 대전의 중앙동… 등 104개 지역이었다. 이 홍등가들에는 필리핀 여성을 비롯해 러시아, 볼리비아, 몽골, 중국, 방글라데시, 키르기스스탄, 우즈베키스탄 등 여러 나라의 여성들도 들어왔다.

유사 이래 세계 역사는 전쟁의 역사였다. 그때마다 군병들이 사회와 격리된 채 죽음의 공포에 시달렸다. 군병들에게 의료진이 필수이듯이 위안소 역시 필수였다. 한국군 역시 6. 25 전쟁 때 위안소를 운영했다.

미군은 한국에서 위안소를 어떻게 운영했는가? 자유방임이었다. 미군 기지촌에는 자연히 위안부들이 몰려들었다. 치안도 없고, 성병에 대한 진료도 없었다. 치안 공백의 지대가 바로 기지촌 창녀촌들이었다. 벼라별 해괴한 폭력 사건들이 줄을 이었다. 그 대표적인 사례가 1992년 10월, 노태우 때 발생한 윤금이 사건이었다. 윤금이는 미군 전용 클럽 종업원이자 양공주였다. 치정관계인지는 알 수 없지만, 살해 방법이 엽기적이었다. 질에는 유리 콜라병을 박고 항문에는 우산을 꿰어 넣는 방법으로 고통스럽게 살해했다. 이것이 반미감정에 불을 질렀다. 매춘에 대한 자유방임주의는 한국 여성에도 미국 국익에도 결코 도움이 안 되었다.

일본군 위안부의 내막

일본군 위안소의 뿌리는 상해 위안소였다. '모리사키 가즈에'의 저서 [가라유키상]에 의하면 상해에는 1882년 당시 800명 정도의 일본 여성이 매춘부로 있었다. '가라유키상'이라는 말은 매춘을 위해 해외를 떠도는 일본 여성을 뜻한다. 상해 주재 일본 영사관은 이를 수치로 여겨 600명 정도를 본국으로 강제 송환했지만 200여 명은 송환하지 못했다고 한다. 결국 이 200여명의 일본 여성이 1932년부터 설치한 일본군 위안부의 모태가 되었다. 일본 정부와 상해 소재의 일본군 위안소 운영을 공식화한 것이다. 일본군 위안소의 설치 목적은 네 가지였다.

지역주민에 대한 강간을 방지하고
군의 사기를 앙양하고
성병을 예방하고
군사 기밀 유출을 방지하기 위한 방법이었다.

군 장병들이 여성을 찾아 밖으로 다니면 여성 간첩들의 거미줄에 걸리기 때문이었다.

1932년 3월 14일자 상해 파견군 고급 참모 '오카베나 오자브로'의 일지에 기재된 글이 있다. "요즘 병사들이 여자를 찾아 여기저기 헤매고 다닌다는 이야기를 많이 듣는다. 이는 피하기 어려운 일이므로 오히려 적극적으로 시설을 만드는 것이 좋다고 판단하였다." 상해 파견군 참모부장 '오카무라 야스지'의 회고록도 있다. 위안부 문제를 생각한다. 이렇게 말하는 나는 부끄럽게도 위안부 방안의 창설자다. 쇼와 7년(1932) 상하이 사변 때 두세 건의 강간죄가 발생했다. 파견군 참모장이었던 나는 나가사키현 지사에 요청하여 위안부단을 불러들였다. 그 후 강간죄가 완전히 그쳤기 때문에 나는 기뻤다.

"상해에서 일본군이 개설했던 위안소는 ① 군 직영 위안소 ② 군이 감독 통제하는 군용 위안소 ③ 민간 매춘소를 병사용으로 지정한 위안소였다. 1936년 당시 상해에 진출한 한국 여성은 일본군 위안소에 들어갈 처지가 아니었다. 한 조사에 의하면 상해의 조선 여성은 댄서 37명, 일본 카페 및 음식점 종업원이 48명이었다 한다. 이들은 음성적으로 밀매음을 하고 화대는 주인과 반반으로 나누었다고 한다.

중일전쟁이 한창인 1940년부터 비로소 중국 여성이 일본군 위안소에 들어오기 시작했다. 조선 여성은 1941년 브로커가 20명 단위로 데려온 것이 첫 케이스였다. 일본군 위안소에는 6개의 준수사항이 있었고, 이용 시간별 요금표도 있었고, 월경 있는 여인과 성병이 있는 여인을 제외시키는 엄격한 기율도 있었다.

〈일본군 위안소 준수사항〉
1) 이용 시 연대본부가 발행한 허가증을 영업자에게 제출해야 한다.
2) 위안소 내에 음식물을 들일 수 없다.
3) 위안부 및 영업자에 대한 난폭한 행동을 금한다.
4) 이용 시간을 엄수하고 타인에 폐를 끼치지 말아야 한다.
5) 영업자와 기타 위안부 여급 등에 대한 일체의 대차관계를 엄금한다.
6) 위안부들은 정기적으로 성병 검진을 받아야 한다.

⟨위안소 이용시간 및 요금표⟩
1) 병사는 10시부터 17시까지, 30분에 1원, 1시간에 2원
2) 하사관은 17시부터 22시까지, 30분에 1원 20전, 1시간에 2원 40전
3) 준사관 이상은 22시부터 1시간에 3원, 24시 이후는 10원
4) 사쿠(콘돔)는 영업자가 부담한다.
5) 황군 이외의 자는 접객을 금한다.
6) 영업자는 매월 초 5일까지 위안부별 영업상황을 보고한다.

위안부로 입신양명한 문옥주

일본군 위안부의 전형 문옥주(1924~1996)은 대구에서 태어나 버마 수도 랑군 소재 일본군 위안소에서 2년 동안 위안부를 했다. 2년 동안의 위안부 생활 결과 1944년 31,000원의 현찰과 50,108원 우체국 예금 통장을 들고 다이아반지를 끼고, 하이힐을 신고, 화장을 하고, 악어백 들고, 아름다운 초록색 레인코트를 입고, 아시아의 흑진주라는 사이공 거리를 누비면서 세상에 부러울 것이 없다는 생각을 했다고 회고했다. 비싼 장신구와 비싼 화장품과 옷으로 장식하고도 현찰 31,000원과 우체국 예금액 50,108원의 저금된 통장을 갖는데 불과 2년만 걸린 것이다. 당시의 화대는 병사의 경우 30분에 1원이었는데 81,000원이면 천문학적인 화대다. 팁을 많

이 받은 것이다.

 일본군 병사나 장교들이 위안부에게 두둑한 팁을 주었다는 이 이야기는 위안부를 성노예로 마구 학대했다는 정대협의 이야기와 정반대. 그만큼 위안부 문제가 사실과 동떨어지게 왜곡됐다는 것을 의미한다. 그녀는 그 거금을 가지고 대구에 와서 부자로 날렸다. 그녀는 자서전까지 일본어판과 한국어판으로 냈다. 제목은 [버마 전선의 일본군 위안부 문옥주] 일본어판은 그녀가 사망한 1996년에 냈고, 한국어판은 2005년에 냈다.

일본군을 마음으로부터 위안한 문옥주의 모성애

 자서전에 의하면 그녀는 1924년 대구 대명동에서 태어나 12살 때 일본으로 팔려가 17세까지 요정에서 심부름을 했다. 당시 일본은 17세 이전의 여성을 절대로 성 접대 현장에 내보내지 못하게 엄격하게 통제했다. 이는 문옥주 자서전에 있는 내용이다. 그녀 역시 성 접대 현장에 나가기 전에 '권번'에서 기생수업을 받았다. 1942년 매춘업자가 문옥주 등 대구 여성 20명을 모아 부산을 출발, 사이공과 싱가포르를 거쳐 버마(미얀마)로 데려갔다. 수도 랑군에 소재한 일본군 '방패사단'에서 위안부 생활을 시작했고, 거기에서 마감했다.

일본의 의미

　그녀의 자서전에 의하면 그녀는 얼굴도 예쁘고, 상냥하고, 노래도 잘하고, 남을 배려하는 착한 심성을 가졌기 때문에 인기가 매우 높았다고 한다. 그녀는 병사들의 마음까지 헤아려주고 언제 죽을지 몰라 불안에 떠는 군 병사들을 가엽게 여겨 '모성애'를 발휘했다. 노래도 불러주고 대화도 해주었다. 많은 팁을 받았다. 일본군 병사 '야마다 이치로'와는 사랑에 빠져 헤어진 지 51년이나 지난 1993년에도 그를 그리워하며 눈물을 흘렸다. 그녀의 친구였던 다른 위안부는 일본군 병사를 너무 사랑한 나머지 귀국할 때 그 일본군 병사로부터 아이를 잉태해 대구에 와서 귀하게 길렀다고 한다. 일본군 병사는 악마도 아니었고 성에 미친 괴물도 아니었다.

　대구에 와서 수많은 남자들과 동거를 했다는 문옥주, 사망하기 3년 전인 70세에 일본군 애인 '야마다 이치로'가 그리워 눈물을 흘렸다고 한다. 이 두 여인들에게 일본 병사들은 상남자였던 것이다. 이 문옥주 자서전이 이제까지 정대협이 악마화한 일본군 병사들의 이미지를 완전히 뒤집어 놓은 것이다. 20세의 나이로 일약 부자가 되어 대구 고향에 금의환향한 문옥주, 화류계의 영업을 하면서 프리마돈나가 되었다. 그리고 돈을 보고 달려드는 여러 남자들과 차례로 동거도 하면서 재산을 다 탕진한 쓸쓸한 처지가 되었다. 그래도 그녀의 위안부 생활을 알 리 없는 일가친척들과 주위 사람들은 그녀에게 따뜻했었다. 그런데 뒤늦게 정대협의 집요했을 설득에 의해 그녀는 그만 부끄러운 과거를 정대협에 등록하고 말았다. 주위는 물론 일가친척까지도 창피하다며 그녀를 기피하게 되었다. '위안부'는 그녀의 친척들에 주홍글씨가 된 것이다.

 **부모가 딸을 위안부로 내몬 사례**

[해방전후사의 재인식] 제1권에는 샌프란시스코대학에서 위안부 문제를 연구하는 소정희 교수의 논문이 실렸고, 여기에는 가정폭력을 이기지 못해 출가하여 위안부가 된 6명의 사례가 소개돼 있다. 당시 신문에는 아버지가 딸을 1,300원을 받고 브로커에 팔아 넘긴 사실이 보도돼 있다. '돈에 눈이 어두운 부모' 이조시대의 아버지는 딸을 노예로 생각했기 때문에 딸을 죽이는 일도 다반사, 인신매매단을 통해 중국이나 일본에 팔아넘기는 일도 다반사였다. 프랑스 선교사 '샤를 둘레'는 '조선의 굶주린 주민들은 중국의 밀수업자들에게 자신의 어린 딸들을 한 사람당 쌀 한 말에 팔았다'고 했고, 선조 때 오희문이 쓴 '쇄미록'에는 '사람이 사람을 사냥해 인육을 먹었다'고 했다. 이것이 조선인 여성의 몸값이었다.

1) **문필기** : 문옥주보다 한 살 늦게 1925년 2남 9녀 중 한 사람으로 태어났다. 공부가 하고 싶었지만 아버지는 "가시내가 공부하면 여우밖에 될 게 없다"며 화를 냈다. 어머니가

쌀 한 말을 몰래 팔아 보통학교에 넣어주었지만 일주일도 채 안 되서 아버지가 교실에서 끌어내 책을 불태웠고, 딸을 무자비하게 패서 내쫓아버렸다. 큰집에 피신했다가 다시는 공부를 하지 않겠다는 약속을 한 후 집으로 돌아왔다. 9살 때부터 살림하고 밭일하고 목화밭 매고, 물레질도 했다. 구멍가게에서 파는 고구마도 찌고, 밭에 밥을 지어 나르면서 신세를 한탄했다. 그러던 1943년 가을 어느 날, 마을에 사는 50대의 남자가 공부도 하고 돈도 벌게 해준다 해서 따라나섰다. 18세였다. 부산으로 실려가 긴 머리를 자르고, 한복을 원피스로 갈아입고, 다른 4명과 함께 곧장 만주로 갔다. 1943년부터 2년 동안 만주에서 위안부 생활을 했다. 이런 여인이 매주 정대협이 주최하는 수요집회에 나와 "일본이 자기를 강제로 연행해가서 위안부로 삼았다"며 "사죄하라, 배상하라" 외쳐왔다. 이 여성이 정대협 위안부 명단에 이름을 올린 시기는 1992년 6월이었다.

2) **이상옥** : 경상북도 달성군 달성면 면장 딸이었다. 머슴을 두고 농사를 짓는 부농집이었다. 9살에 학교에 들어갔지만 오빠의 집요한 방해로 학업을 포기했다. "계집애를 학교에 보내서 어디다 쓰느냐"며 책을 아궁이 불 속에 넣고 태워버렸다. 옆집 언니가 학교에 다니는 것이 너무 부러웠다. 고모가 다시 학교에 보내주었지만 오빠가 집요하게 방해해 서울로 도망쳤다. 소리개라는 곳에 갔더니 9명의 처

녀들이 있었다. 모두 아버지가 팔아서 왔다고 했다. 이때 이상옥의 나이 15세였다. 이들 9명과 함께 실려온 곳이 시모노세키였다. 조선인 부부가 운영하는 군 유곽이었다. 일본말을 한다는 이유로 군 병원에서 일하면서 봉급을 받았다. 일본군 군의관이 그녀를 가엽게 여겨 조선으로 돌려보내주려 했는데, 그 군의관이 폭격을 맞아 사망했다. 이후 어디서 위안부 생활을 했는지는 파악이 안돼 있다.

3) **이득남** : 1918년생, 아버지는 술주정꾼이자 노름꾼, 이유 없이 딸을 팼다. 집이 곧 지옥이었다. 17세에 이웃 친구와 함께 기차를 타고 인천 방직공장으로 갔지만 그것이 위안부의 길이었다. 1939년부터 1942년에는 중국에서, 이후 해방될 때까지 3년을 수마트라(인도네시아)에서 위안부 생활을 했다.

4) **김옥실** : 1926년 평양시 인근에서 태어났다. 공부를 하려 하자 아버지가 심하게 때렸다. "에미나이 새끼가 글 배워서 어디다 쓰갔네. 연애편지질이나 하려구 그러나." 아버지가 무지 싫었다. 평양기생이 고운 옷 입고, 고운 가마 타고 다닌다는 동네 아주머니들 말을 듣고 기생집에 가서 양녀가 되었다. 일주일 만에 아버지가 찾아왔다 "이 에미나이가 조상 망신, 동네 망신을 다 시키고 돌아다닌다"며 매를 많이 맞고 집으로 끌려갔다. 다시 가출하여 양말공장에

서 3년, 담배공장에서 4년 일하다가 인신매매단에 걸려들었다. 어디에서 얼마 동안 위안부 생활을 했는지는 자세치가 않다.

5) **배옥길** : 1922년생, 어머니로부터 모진 매를 맞고 학대를 받아 자살까지 기도했다. 광목공장에서 일하게 해주겠다는 동네 구장의 거짓말에 속아 집을 나간 것이 중국 위안소였다. 1946년 집으로 돌아왔지만 어머니는 냉담했다.

6) **송신도** : 1922년생으로 어머니로부터 모진 학대를 받았다. 16세부터 가출하여 여러 곳을 전전하다가 이웃의 꼬임에 빠져 중국에 가서 1938년부터 1945년까지 7년 동안 위안부 생활을 했다. 일본군 병사가 결혼하자고 하여 일본으로 동행했지만 일본에 도착한 병사는 그녀와 결혼할 수 없었다.

위안부 장사의 종말

매춘 시장을 법으로 폐쇄한 것은 순리가 아니라 위안부 장사의 부산물이었다. 여성들에 대한 살인행위를 유도하는 범죄행위였다. 매춘 시장은 반드시 부활시켜야 하고, 공창 시스템으로 운영돼야 한다고 생각한다. 위안부를 신격화하고 일본군을 악마화한 것은 사실을 정반대로 뒤집은 모략 행위다. 이 모략 작전은 김일성을 추종하는 반국가 세력의 추악한 공작이었다. 매우 부끄럽게도 대한민국과 국민은 위안부를 이념적 장사 수단으로 악용한 반국가 세력에 철저히 농락당했다. 소녀상은 대한민국에 대한 모독이고, 대한민국 모든 여성들에 붙여진 주홍글씨다. 즉시 땅에 묻어야할 추물들인 것이다.

주월 한국군까지 강간 집단으로 매도한 윤미향

지난 34년 동안 대한민국 역사를 장악했던 소수의 여성들, 대한민국을 파괴하는 일이라면 무엇이든 다 하려는 사람들처럼 행동했다. 정대협의 검은 전설 윤미향, 2017년 9월 14일 위안부 김복동, 김원옥을 간판으로 데리고 베트남 대사관 앞에 나섰다. 대형 현수막을 들고나와 한국군이 베트남에 가서 일본군처럼 베트남 여성들을 성노예로 삼았으니 용서해달라는 시위를 한 것이다.

저자는 26세에서 30세까지 베트남전에 참전했다. 한국군은 5개 참전국 중에서 베트남 주민들과 국가로부터 가장 우호적인 호응을 받았다. 주월 한국군은 모두 36만 5천 명, 5천 명이 사망했고, 16만 이상이 고엽제로 신음해 오고 있다.

1952년, "한국에서 민주주의를 바라는 것은 쓰레기통에서 장미꽃을 구하는 것과 같다"고 혹평했던 바로 그 런던타임즈 기자가 그로부터 14년 만인 1966년 5월 29일자 특집에서 "한국군이 월남전을 맡았거나, 미군이 한국군 전술을 택했더라면 벌써 승리로 끝냈을 것"이라고 극찬을 했다. "100명의 베트콩을 놓치는 한이 있어도 단 한 명의 양민을 보호하라" 유명한 채명신 주월 한국군 사령관의 명령이었다. 게릴라는 물고기, 주민은 물, 주민의 마음을 얻지 못하는 군대는 소멸한다는 것이 게릴라전의 핵심 교리였다. 만일 한국군이 베트남에서 여자 사냥이나 일삼았다면 한국군이 베트남에서 세계적인 존재로 우뚝 서 있을 수 있었겠는가? 필자는 이런 발칙한 윤미향을, 필자가 뚫고 다녔던 정글 가시나무 밭을 한 시간만이라도 끌고 다니고 싶다. 이런 발칙한 윤미향이 대한민국을 손아귀에 쥐고 1990년부터 무려 33년 동안이나 대일 외교정책을 쥐락펴락했다는 이 사실, 대한민국의 치욕사일 것이다.

위안부놀이에 줄 섰던 들쥐 인생들

주한미군 철수, 국보법 폐지, 통진당 해산 반대, 평화를 위한 북측전쟁 환영, 정대협 핵심 관련자들은 반국가 성향의 식구들을 두었다. 간첩이거나 간첩과 연루된 사람들, 맥아더 동상 철거자들, 북한을 40여 차례나 드나들던 사람들, 김정일 조문을 주장하는 사람들, 조총련과 함께하는 사람들로 채색돼 있다. 이런 사람들이 만든 단체가 국가를 제쳐놓고 한일 관계에 도끼질을 주도했다.

김일성을 맹종하고 김일성 자금으로 고시공부를 한 판사와 검사들, 김일성을 추종하거나 간첩의 마수에 걸려 약점이 잡힌 무수한 사회 저명인들, 언론인들, 정부 요직자들, 이들이 모두 네트워크로 연결되어 대한민국을 파괴했고, 그 파괴 수단 중 가장 큰 하나가 일본군 위안부라는 모략물이었던 것이다. 일본군 위안부! 열사였는가 매춘부였는가? 이 땅의 역사학자들은 냉정하게 분석해야 할 것이다.

조선 후기 개화파의 선구자 윤치호 선생이 진단한 조선인들이다. '조선인들의 특징은 한 사람이 멍석말이를 당하면 그 사람에 대해서 알아보려고는 하지 않고 다 함께 달려들어 몰매를 때리는 것이다. 조선인과 대화하느니 차라리 벽을 보고 대화하는 게 낫다,' '한국인은 머리가 비어 있는데도 잘난 척하고 싶어 몸이 달아오른다.' 100년 후인 1980년 한미연합사령관 위컴 대장은 "한국인들은 들쥐와 같다. 한 사람이 말을 하면 모두 다 같은 말을 하면서 뒤따른다."는 말을 했다. 양심가인 척, 지식인인 척, 눈물까지 흘리면서 정대협 장단에 춤추던 사회인사들과 언론인들, 그 얼굴을 다시 좀 자세히 보았으면 좋겠다.

06

강제징용

일본의 의미

지 / 만 / 원

06

강제징용

 **강제징용은 일본군 위안부의 부산물**

1939년부터 일본이 조선 청년들을 강제로 끌어다 봉급도 안 주고 인종차별을 하고, 매를 때리고, 갈비뼈가 앙상하도록 혹사시켰다는 것이 대한민국 좌익들의 주장이다. 이 주장 역시 1990년 위안부 문제를 꾸며내면서 파생한 부산물(By-product)이다. 일본군 위안부 문제가 생짜로 꾸며낸 모략물이었듯이 강제징용 역시 사실과는 정반대로 꾸며낸 모략물이다.

강제징용과 가혹행위 그리고 노동착취가 있었다는 저들의 주장이 과연 사실인가? 세 가지 측면에서 살피고자 한다. 첫째, 증거가 있는가? 둘째, 당시의 일본 기업 문화가 이러한 강제징용과 착취와 학대를 용인할 수 있었는가? 셋째, 김일성주의자들의 습관성 모략인가?

 강제징용, 착취, 학대에 대한 증거가 있는가?

1939년 9월부터 조선 청년들에는 로망의 길이 열렸다. 일본은 1941년 12월 8일, 하와이 미군기지를 기습했다. 이를 위해 2년 전인 1939년부터 일본 청년들이 대거 징집돼 나갔다. 이후 태평양 전쟁이 본격화되면서 청년들에 대한 수요가 점증했다. 전쟁물자를 생산하는 기업과 여타 주요 기업들이 조선 청년들을 대거 모집했다. 1937년 9월부터 무려 73만 개의 일자리가 조선 청년들에 돌아간 것이다. 일본 공장에 취직하는 당시의 조선 청년들은 기뻐했을까, 슬퍼했을까? 이로부터 25년이 지난 1964년인 박정희 시절, 서독 광부를 모집했을 때 대학을 나온 청년들까지 일자리가 없어 일부러 손과 얼굴을 험하게 만들어가면서 선발 시험에 응했다. 경쟁률이 장난이 아니었다. 1939년에 조선청년 73만명에게 열린 일자리는 그야말로 대박이었을 것이다.

인터넷을 검색하면 1937년 일본에 간 광부 사진과 1964년 파독 광부 단체 사진이 있다. 오히려 1937년의 조선인 광부 모습이 더 싱싱해 보일 정도였다. 조선 청년들은 광산에만 간 것이 아니라 일반 기업체들에도 갔다. 광부의 봉급이 여타 기업 근로자들의 봉급보다 훨씬 높았다. 탄광 노동자의 봉급은 일본 초임 순사(경찰)의 봉급의 3.6배, 교사 봉급의 4.56배나 되어 씀씀이도 헤펐다 한다. 유곽에도 가고 투전노름도 하고 술도 마시고…

　당시 신문에는 조선인 광부가 고향 마을에 기부금을 보냈다는 뉴스도 있고 일본에 간 조선인 광부들이 돈을 많이 번다는 뉴스도 있다. 이우연 교수가 제시한 봉급표에는 한국인 봉급, 일본인 봉급이 표시돼있다. 숙달 정도에 따라 조선인이 일본인보다 30%나 더 많은 봉급을 받는 경우도 있었다. 일본 광부는 광산에서 5년 이상 장기근무하지만, 조선인 광부는 길어야 3년이었다. 생산성과 숙달 정도에 따라, 가족이 있느냐의 여부에 따라 봉급이 책정돼 있었다. 좌익들은 이런 숙달과 생산성과 부양가족 여부는 따지지 않고 조선인이 봉급책정에서 차별 대우를 받았다고 억지를 쓴다.

　이 부분에 대해 우리는 꼭 짚고 갈 것이 있다. 일본이나 미국에서는 능력에 따라 봉급을 책정한다는 사실이다. 한 가지 기술을 가진 근로자와 3~4개 기술을 가진 근로자는 숙달과 기술 능력에 따라 차등 대우를 받는다. 호텔 종업원이 한 가지 외국어를 구사하느냐 세 가지 외국어를 구사하느냐에 따라 급여가 차등된다. 바로 이런 당연한 차별 대우를 공산주의자들은 이해하지 못한다. 공산주의자들은 오로지 '평등' 밖에 모른다.

　'블라인드 채용' 기억하는가? 골수 공산주의자 문재인이 대통령 때 지어낸 말이다. 어느 대학을 나왔느냐, 하버드대학을 나왔느냐 아니면 고교만 나왔느냐, 일체 이력서에 기재하지 말고 면접만 보고 사원을 채용하라는 취업정책이었다. 정신에 공산병이 들지 않고서야 어찌 이런 정책을 펼 수 있을까? 이게 바로 공산주의자 대통령이라는 문재인이었다. 당시 일본 기업들은 숙달 정도, 생산성에 따라 봉급을 차등 적용했을 뿐, 시스템적으로 국가차원에서 조선인에 대한 인종차별을 할 리가 없었다. 당시 일본은 사회에서나 기업에서나 도덕률이 엄격하게 지배하고 있었기 때문이다.

문재인 시대인 2019년 7월 17일, 조선일보는 '강제징용 보상은 1965년 청구권 협상에 포함, 노무현 정부 당시 민관공동위원회에서 결론 낸 사안'이라는 제목과 '2005년 이해찬 총리가 위원장, 문재인 민정수석을 위원으로 참여, 피해자 72,631명에 6,184억 원 지급'이라는 부제를 달아 2007~2015년에 72,631명에 1인당 평균 810만 원씩 이미 배상했다는 기사를 냈다. 노무현위원회가 7개월 동안 연구한 결과 1965년 한일협정 무상자금 3억 달러에 강제징용 보상금이 포함돼 있다는 것을 확인했고, 더 이상 일본에 피해 보상을 요구하는 것은 신의를 위반하는 것이기 때문에 정부는 특별법을 정해 모든 징용자 72,631명에 대해 9년 동안 배상금을 지출했다는 내용이다. 기사 전문은 아래와 같다.

 **2019년 7월 17일 조선일보 기사**

   강제징용 피해자 배상 문제는 2005년 8월, 노무현 정부 당시 민관공동위원회가 1965년 한·일 청구권 협정에 반영됐다고 발표했던 사안이다. 당시 민관공동위는 7개월 동안 수만 쪽에 달하는 자료를 면밀히 검토한 끝에 한·일 협정으로 일본으로부터 받은 무상자금 3억 달러에, 강제징용 보상금이 포함됐다고 본다는 결론을 내렸다. 다만 1975년 우리 정부가 피해자 보상을 하면서 강제 동원 부상자를 대상에서 제외하는 등 도의적 차원에서 보상이 불충분했다고 판단했으며, 이는 2007년 특별법을 제정해 정부 예산으로 위로금과 지원금을 지급하는 조치로 이어졌다. 민관공동위에는 당시 청와대 민정수석이었던 문재인이 정부위원으로, 국무총리였던 더불어민주당 대표 이해찬이 위원장으로 참여했다. 민관 공동위의 결론은 1965년 협정체결 당시의 제반 상황을 고려할 때 어떠한 경우에도 개인 권리를 소멸시킬 수 없다는 주장을 하기 어렵다는 것이다. 공동위는 강제징용과 관련해 정부가 일본에 다시 법적 피해 보상을 요구하는 것은 신의칙상 곤란하다고도 했다.(신의 성실의 원칙: 모든 사람이 사회공동 생활의 일원으로서 상대방의 신뢰에 반하지 않도록 성의 있게 행동할 것을 요구하는 법 원칙을 말한다.) 개인 청구권은 살아있지만 1965년 협정에 따라 행사하기 어렵다는 취지였다. 대신 노무현 정부는 피해자 보상에 주력했다. 2007년 특별법으

로 추가 보상 절차에 착수했고, 2015년까지 징용피해자 7만 2,631명에게 6,184억 원이 지급됐다. 당시 발표로 강제징용 배상 문제는 끝난 것이라는 인식이 굳어졌다. 우리 정부도 강제징용 문제는 청구권 협정으로 종료된 것이란 입장을 유지했고, 법원도 관련 소송들에게서 같은 취지의 판결을 내렸다.

이번에 문제가 된 강제징용 배상 판결의 뿌리는 사실상 이명박 정부 때부터다. 강제징용 피해자 이춘식 씨 등은 1997년 일본 전범 기업을 상대로 일본 오사카 재판소에 같은 소송을 냈다. 1심과 2심 모두에서 패소했지만 대법원에서 뒤집혔다. 2012년 수원 대법원(주심 김능환)이 처음으로 일본 기업의 배상 책임을 인정한 것이다. 한·일 협정이 있었다 하더라도 개인 청구권을 행사할 수 있다는 파기 환송 판결이 나왔다. 당시 주심이었던 김능환 대법관은 건국하는 심정으로 판결문을 썼다고 했다. 이후 5년 이상 2심과 3심이 진행됐고, 김명수(주:골수 좌익)가 대법원장이 되면서 2018년 10월 30일, 대법원이 그 판결을 확정했다.

사법부와 행정부 판단이 충돌하는 상황이 벌어진 것이다. 외교적 협상을 요구하는 일본을 상대로 정부는 삼권 분립에 따라 사법부 판단에 관여할 수 없다는 입장을 유지했다. 8개월의 대치는 일본의 경제 보복으로 이어졌다. 신각수 전 주일대사는 미국 등에서는 사법부가 외교 사안에 대해서는 행정부 입장을 듣고 신중한 판단을 내리는 사법 자체의 전통이 있는데 한국에서

는 그게 사법농단이 됐다고 말했다.(기사 끝)

이보다 14년 전인 2005년 1월 17일 자 한겨레신문 보도는 더욱 명쾌했다.

 **2005년 1월 17일 한겨레신문 보도**

공개된 5권의 문서에서 협상 당시 우리 정부가 징병, 징용 피해자 103만 2천 684명에 대해 총 3억6천450만 달러의 피해 보상금을 요구한 것으로 확인됐다. 일본 측으로부터 청구권 자금 성격으로 무상 3억 달러, 유상 2억 달러, 상업차관 3억 달러 등 8억 달러를 받은 우리 정부는 70년대에 징용 사망자 8,522명에 대해 사망자 1인당 유족에게 30만 원씩 지급했고, 일본 정부 발행의 유가증권에 대해서도 약 9천 700여 건에 1인당 30원씩으로 환산해 지급하는 데 그쳤다. 이 때문인지 벌써부터 태평양전쟁 희생자 유족회 등은 정부를 상대로 한 보상 요구를 본격화할 움직임을 보이고 있다. (기사 끝)

2005년 공개된 외교 문서에 의하면 우리 정부는 일본에 징병, 징용 피해자에 대한 배상액을 3억6,400만 달러를 일본에 요구했지만 일본은 우수리 숫자를 떼어내고 3억 달러를 준 것이다. 일본이 3억 달러를 배상할 때 근거 없이 자의적으로 값을 정해 한국 정부에 주었겠는가? 이미 정부가 받아서 경제

개발에 썼고, 그 경제 개발 덕분으로 강제징용자들의 생활도 윤택해진 것이 아니겠는가? 이후 정부는 이들 징용자들에게 여러 차례에 걸쳐 보상을 해주었지만 액수가 부족하다며 소송을 했고, 한일 관계를 나쁘게 하려는 반국가 인물들에 포섭되었는지 구태여 일본 기업으로부터 받아야만 하겠다는 억지를 부린 것이다. 이것이 억지인 이유는 일본이 이미 이들에 대한 피해 보상 조로 3억 달러를 주었기 때문이다. 김능환 대법관과 김명수는 과거의 판례도 무시했다. 그러면 징용피해자들은 국가로부터 배상받고, 이에 추가해 일본 기업으로부터도 더 받아야 하는 것인가? 대법원 판결은 분명 이념 판결이 아닐 수 없다.

 **군함도,
배울 것을 놓고 모략부터 하고 보는 한국 좌파**

하시마섬, 일본 남쪽 끝녘 나가사키시에, 제주도를 마주 보고 있는 초소형 섬이다. 섬의 크기와 모양이 꼭 군함 같다 해서 군함도라 불린다. 남북 480m, 동서 160m, 전체 둘레 1.2km, 뒷짐지고, 산보하면 18분 정도 걸린다. 이 섬의 원래 크기는 지금의 3분의 1 정도였는데 1897년부터 1931년까지 무려 34년에 걸쳐 매립공사를 했다고 한다.

매립공사는 누가 무엇 때문에 했는가? 미쓰비시가 지

금의 3분의 1 크기에 불과한 섬을 1800년에 사들였다. 해저 1km 깊이에 석탄이 매장돼 있었기 때문이었다. 서기 1,800년이면 우리 조선에서는 정조가 왕이었고, 유럽에서는 나폴레옹이 이태리를 점령했고, 미국에서는 자유가 법을 향도해야 한다며 미국 민주주의를 한층 업그레이드시킨 토머스 제퍼슨이 백악관에 입주했던 시기다. 그 시기에 미쓰비시라는 한 기업이 해저 1km 아래 석탄이 대량으로 매장돼 있다는 것을 탐지해서 그 석탄을 캐낼 생각을 했다는 것이 매우 놀랍다. 한편으로는 석탄을 캐내면서 다른 한편으로는 고층의 미니 도시를 건설했다.

그 시대에 10층짜리 아파트촌을 건설하고 학교, 병원, 상가, 위락시설을 컴팩트하게 건설한 토목 기술과 건축기술이 참으로 놀랍다. 인구 5,000명, 헥타르당 835명, 당시 도쿄 인구 밀도의 9배로 세계 최고의 인구 밀도 지역으로 기록돼 있었다고 한다. 1750년에 영국에서 산업혁명이 일어나고 석탄이 산업의 동력이었던 시절, 일본의 한 기업이 잽싸게 해저에 있는 탄광까지 개발한 사실에 놀라지 않을 수 없다. 영조가 사도세자를 뒤주에 가두어 죽이고 정조가 즉위하던 그때의 조선과 그때의 일본을 대비시켜 보자. 5천 년 역사는 뭐 하는 역사이고, 5만 년 역사가 있다 한들 무슨 소용인가? 석탄 시대가 석유 시대로 전환되자 군함도는 제1차 석유파동이 있었던 1974년에 폐쇄됐고 무인도가 됐다. 170년 동안이나 일본

산업의 동력을 제공했던, 일본의 전설적 유산이 아닐 수 없다.

전쟁에서도 신사도가 있고 멋이 있는 법이다. 일본 해군은 이순신 장군을 존경하고 연합군 장군들은 독일의 롬멜 원수를 존경한다. 적국이라 해서 모든 것을 조선 좌익들처럼 적대시하고 모략하고 비하한다면 이 세상은 벌써 지옥이 됐을 것이다. 초미니 섬을 3배로 넓혀서 그 위에 10층짜리 고층 아파트를 1800년대에 건설했다는 사실은 분명 경이로운 역사다. 서울의 아파트는 박정희 대통령 시절 와우아파트로 출발하지 않았던가? 이는 배움의 대상이지 모략의 대상이 아니다. 당시의 미쓰비시의 개척자(파이어니어) 정신은 우리가 이제라도 연구하여 지혜와 교훈을 이끌어내야 할 학습의 대상이다. 이후에 소개되겠지만 우리는 특히 일본 문명과 문화의 원동력인 일본 유수기업들의 족적을 학습할 필요가 있다. 그들이 어떻게 일본의 신화를 창조해 냈는지 겸허한 자세로 배워야 할 것이다.

옷깃을 여며야 할 이 학습의 대상 앞에서 북조선 신봉자들은 무슨 짓을 했는가? 소설을 쓰고 영화를 만들어 군함도를 살인섬이라고 모략했다. 조선 청년 수백 명을 강제로 끌어다 혹사시키고, 갈비뼈가 드러날 정도로 굶기고 학대해서 122명이나 살해(killed)했다고 모략했다. 영화 [군함도]는 그 증거를 두 가지로 부각했다. 하나는 1965년 조총련이 한일협정을 반대하는 영화를 만들기 위해 탄광 벽에 끄적인 '어머니 보고 싶어', '배가 고파요', '고향에 가고 싶다' 낙서 영상을 1940년 전후에 조선 청년들이 쓴 글이라 거짓 모략을 했고, 시기를 알 수 없는 일본인 광부들 사진을, 조선인 광부였다고 사기를 쳤다. 금방 탄로가 나서 일본인들의 비웃음을 살 이런 짓들을 저들은 왜 업무 삼아 하는 것인가?

거울로 삼고 학습을 해야 할 기념탑에 가서 겨우 '지옥섬'으로 매도하고 모략할 생각만 할 줄 아는 인종이 바로 김일성 추종자들인 것이다. 초호화 유람선, 온갖 화려한 장식과 화려한 쌍쌍 무도회가 열리는 공간에 가서 겨우 한다는 것이 어디에다 배설해 놓을 것인가만 생각하는 북조선 추종자들, 이들에게 해줄 수 있는 말은 오로지 서산대사의 말 "돼지 눈에는 돼지만 보인다" 이 한마디 말뿐이다, 식민지? 좌익들은 주장한다. 해방 전에는 일본의 식민지, 해방 후 지금까지 79년 동안은 미국의 식민지라고! 이들이 아는 건 식민지 하나뿐이다.

07 /

배울 것 많은
일본의 노력

/

일본의 의미

지/만/원

07

배울 것 많은
일본의 노력

 **일본의 기업문화**

1940년 전후의 일본 기업문화를 살피기 전에 먼저 누구나 짐작할 수 있는 오늘의 일본인과 오늘의 일본인 문화를 잠시 살필 필요가 있다. 일본인들에 감탄했다는 사람들로부터 나온 이야기들 몇 개만 소개한다.

한 여성 배우로부터 오래 전 들은 이야기이다. 일본 호텔에 묵으면서 남편이 그림 한 점을 구입해 호텔로 배달시켰다. 그림을 포장해 호텔로 가져온 점원이 눈에 잘 띄지도 않는 포장지에 난 가벼운 흠을 손가락으로 가리키며 자기의 불찰로 이렇게 됐으니 용서만 해주면 배상은 달라는 대로 하겠다며 고개를 연신 조아렸다. 장난기가 발동한 남편이 거의 그림값에 버금가는 돈을 달라 했더니 즉시 지불하면서 연신 고맙다 하며 뒷걸음으로 나가더라 했다.

사회적 지위가 꽤 있는 사람의 이야기다. 여관에서 3일간 묵기로 예약을 했지만 사정이 생겨 다음날 체크아웃을 하겠다고 하니, 주인은 미안해하지 말라, 나도 그런 사정이 있으면 당연히 예약을 취소할 것이라며 오히려 위로를 해주더라 했다. 골프장을 향해 택시로 멀리 달려왔는데 허리띠를 놓고 온 사실을 발견했다. 돌아가려니 배보다 배꼽이 더 크고 포기하자니 허리띠가 너무 아까웠다. 포기하기로 하고 골프장에 왔더니 주인이 허리띠를 가지고 와서 "제가 짐을 미처 챙겨드리지 못해 죄송하다"며 극구 사과를 하더라 했다.

캐논 카메라가 고장이 나서 일본 회사에 편지를 했더니 모든 부품을 다 챙겨 한 보따리 보냈더라는 이야기는 뜬소문으로 여러 차례 들었다. 미국인 교수가 지은 경영학 책에서 읽은 이야기다. 유명한 코제 화장품, 수백 킬로 밖에 있는 조그만 상점에서 립스틱 하나를 주문받았다. 우송하려 해도 포장비와 송료가 더 많이 들었다. 그런데도 코제는 판매사원을 직접 보내서 립스틱은 물론 코제 제품 전반에 대한 카탈로그와 샘플을 가져가 오래도록 자세히 설명해주었다 한다.

마지막으로 일본에 대해 나쁜 선입견을 가졌던 한국민이 일본에 가 한동안 생활하면서 관찰했다는 내용의 일부만 소개한다.

07 배울 것 많은 일본의 노력

1. 일본의 지방 마을 배수로에 금붕어들이 놀고 있다.

2. 온천 앞에 팻말이 있었다. '문신한 사람은 입장을 금합니다.' 팔에 약간의 문신을 한 어느 외국인이 입장했는데 곧 지배인이 와서 정중한 매너로 절을 하면서 내보내더라. 기율이 철저하더라.

3. 편도 1차선을 달렸는데 어느 지점에서 갑자기 차가 밀려 서행한다. 30분 정도 밀리더니 편의점을 지나면서 소통이 되기 시작했다. 편의점으로 들어간 차량 뒤에는 '경로' 스티커가 부착돼있었다.

4. 추운 겨울에 접촉사고가 났다. 가까이 가보니 경찰은 차 주변을 살피고 있고, 그동안 사고 당사자들은 피해가 덜한 차량에 앉아 다정하게 이야기를 나누고 있었다.

5. 길거리에서 마주치는 사람들은 어린아이에서 노인에 이르기까지 서로 인사를 하더라.

6. 인도에서 서로 마주칠 때는 서로가 옆으로 비켜주면서 양보하더라.

7. 일본인 동료와 호텔에 묵었는데, 일본인은 그 바쁜 중에도 사용했던 모든 것들을 제자리에 정돈하더라.

8. 잘 사는 사람과 못 사는 사람에 대한 편견이 없더라. 작은 시골 마을에서는 회사 오너와 가난한 주민이 이웃해서 어울려 살더라.

9. 저녁 9시만 돼도 시내가 조용하다. 모두가 가정으로 돌아간다.

10. 가족 사이에도 도움을 청하지 않으면 돕지 않는다. 요청이 없는데도 도와주면 무시당한다고 생각하고 간섭으로 생각한다. 가족 간에도 가치관과 인생관을 존중한다.

11. 편의점에서는 음식을 먹지 않는다. 반면 한국인들은 편의점에서 음식을 먹고, 흘려놓고, 쓰레기통이 있는데도 치우지 않고 간다. 일본인들이 매우 놀라더라.

12. 도로에는 요철이 없다. 폭우가 쏟아져도 패이는 도로가 없다.

13. 마을에 사슴 떼가 와서 괴롭혀도 잡지 않는다.

14. 인적이 드문 도로변에 농산물이 널려 있다. 사람들은 스스로 돈을 놓고 가져갔다.

15. 시골 사람들은 문을 잠그지 않고 외출을 한다.

16. 일본인들은 반신욕을 한다. 욕조에 물을 받으면 가족이 한 명씩 몸을 담갔다 나온다.

17. 농촌 길을 달리다 갑자기 차들이 멈춰 30분을 기다렸다. 농기계가 가로질러 가기 때문이었다. 도시 사람들이 농촌에 가면 농촌 사람들에 그런 식으로 예의를 표한다.

이상이 오늘의 일본인과 일본인 문화요 에티켓이다. 이런 일본인들을 놓고 한국의 김일성주의자들은 쪽바리요 악마라고 욕을 한다.

 **일본 기업은 인간 제조 공장**

그러면 지금으로부터 80년 전의 일본은 어떠했는가? 1894년에 태어난 마쓰시타 고노스케는 세계적인 철학자요 사상가요 기업인이다. 아시아 10대 인물 중 한 사람이기도 하다. 일본의 정치인을 길러내는 정치사관학교라는 '마쓰시타 정경숙'을 모르는 지식인도 그리 많지 않을 것이다. 그가 창설한 정치사관학교다.

그는 배터리로 불을 켜는 작은 전구를 만드는 것을 시초로 오늘의 파나소닉, 송하전기 기업을 일구어냈다. "당신들의 어머니와 누이가 비싸게 돈을 주고 전구를 샀는데 바느질할 때 전구가 고장이 나면 그 심정이 어떠하겠는가. 수명을 2배로 늘리고 가격은 절반으로 줄이는 전구를 개발하자. 인간 능력에는 한계가 없다." 도덕적 목표, 인류애적 목표를 제시하자 사원들은 불가능해 보였던 일을 해냈다. 이윤을 극대화하자고 했으면 그런 초인적 발상이 태어나지 못했을 것이다.

그는 사원들에게 가르쳤다. 송하전기가 무슨 회사냐고 묻

거든 "송하전기는 인간을 제조하는 회사다. 그리고 아울러 제품도 제조하는 회사다." 이렇게 대답하라. 모든 사원들에게 자유를 주고, 인격적 대우를 해주면 모두가 자아실현 동기에 의해 창의력을 발휘하게 된다는 것이 그는 물론 당대 1900년 전후의 일본 기업들이 추구한 경영철학이었다.

소니의 신 발상도, 도요타의 JIT(Just In Time) 시스템도, 혼다의 하청업체 패밀리 개념도 모두 인간대접을 받고 있는 사원들의 창의력이 이룩한 신화들이었다. 경험을 내세워 기득권 문화를 만들거나, 고정관념에 길들여져 있는 사회에서는 도저히 태동할 수 없는 신화들이었다.

이런 일본의 인간 존중의 기업 문화는 누가 선도했는가? 1840년 탄생한 시부사와 에이치였다. 그는 2024년부터 일본 은행권 최고액인 1만 엔권에 초상으로 오를 만큼 일본에서 존경을 받는다. 무슨 공로였는가? 일본만의 독특한 도덕적 자본주의를 창안하고 설파한 공로자였다. "모든 일본의 기업은 한 손에는 공자의 도덕율을, 다른 한 손에는 주판을 들라, 주판은 오로지 공자의 도덕율 아래서만 두어라" 이후 일본 기업의 목표는 '이윤 극대화'가 아니라 '개선' 이었다. 개선이 극대화되면 이윤은 저절로 극대화되었다. 그래서 일본에서는 기업뿐만 아니라 모든 분야에서 토의 문화가 생활화돼 있다. 분임 토의(QCC: Quality Control Circle)는 전 세계에서 유일한 일본만의 토의 문화다. 토의는 창의력을 생산해 내는 가장 강력한 시스템이다.

일본 기업은 자유, 인격, 토의의 장

이런 일본 기업의 리더십 이론을 'Z-이론(Theory Z)'이라고 부른다. 리더십 이론은 미국의 X-이론 (Theory X)에서 출발했다. 인간 본성은 원래 악하다는 성악설을 전제로 하여 성립된 성악설 이론이었다. 근로자들에게 일을 시키고 한 시간에 누가 몇 개를 요구에 맞게 처리하는가, 오징어 손질을 몇 개 하고, 브로콜리 손질을 몇 개 하는가를 일일이 칠판에 기록하는 통제 방식이었다. 그다음에 출현한 것이 Y-이론(Theory Y)이었다. 인간의 본성이 원래 착하다는 것을 전제로 한 성선설 이론이었다. 목표만 정해주면 스스로 명예를 걸고 열심히 일을 할 것이라는 목표관리(management by objective) 이론이었다. 이 이론에 따라 경영학계에서는 한동안 목표관리에 대한 이론들이 많이 개발되었다. 목표는 물론 '이윤 극대화'였다.

하지만 일본식 리더십 이론은 이런 수리 지향적인 장르를 이탈하여 창의력 향상을 리드하는 리더십 이론이었다. 자유와 인격과 토의가 없는 기업은 존재할 수가 없었다. 이런 기업 문화가 한창 꽃을 피울 때가 1920년대였다. 그런데 1940년 전후에 일본 기업들이 조선 청년들을 징용해가서 봉급도 주지 않고 인종차별을 하고 학대하고 갈비뼈가 앙상해지도록까지 밥을 굶겼다? 주장은 누구나 할 수 있지만 그 주장에는 반드시 증거가 뒷받침돼야 한다. 그러나 김일성주의자들에는 증거가 전혀 없다. 모두가 악의적으로 지어낸 괴담들일 뿐이다.

 **일본은 미국을 배웠다**

같은 패전을 했어도 일본은 온 세계인이 벌벌 떠는 원자탄 폭격을 받아 비참하게 패했다. 그 후유증이 자손대에까지 대물림되는 고약한 방법으로 패했다. 통상의 민족이라면 미국을 두고 두고 원망할 것이다. 하지만 일본 사람들을 쿨했다. 패배를 인정하고 미국이 일본보다 잘났다는 사실을 인정했다. Made in U.S.A! 미국이 만든 제품이 아니면 쓰레기였고, 미국의 GNP가 세계 GNP의 54%를 차지했던 시기, 자만에 차 있었던 미국 땅에 깃발을 든 일본인들이 줄줄이 건너가 미국을 견학했다.

미국 공장에마다 견학을 시켜달라는 일본인들이 줄을 섰다. "저 코 납작한 잽(Japanese)은 왜 저 소란이야?" 공장장이 물었다. "아, 네. 공장을 견학시켜 달라 합니다." "그래? 다 보여줘서 얼른 보내. 일본은 백 년이 가도 미국 못 따라와, 그러니 다 보여주라구." 일본인들은 특유의 감사를 표시하면서 열심히 견학했다. "우리는 배워야 한다." 일본인들의 구호였다. 한국인들처럼 실속도 없으면서 아는 체부터, 잘난 체부터 하는 사람들이 아니었다. "한국인들은 머리가 비었는데도 잘난 척하고 싶어서 몸이 달아오른다." 1893년 윤지호 일기장의 글이다. "조선인들은 허영심이 강하다." 마리니 콜라앙투앙 프랑스 선교사의 말이다. 일본인과 조선인은 떡잎부터가 달랐다.

소니의 신화

SONY, 소니의 신화를 만든 사람은 '이부카 마사루'와 '모리타 아키오'였다.

이 두 사람은 태평양 전쟁 때 동굴에서 해군이 추진하던 열추적 유도탄, 오늘의 '사이드 와인더'를 연구하다가 종전을 맞이했다. 두 사람은 헤어지기가 싫어 미지를 개척하자는 뜻으로 천막을 쳤다. 이들은 두 사람의 모임을 '미지의 개척자(Seeker of the unknown)'라고 이름 지었다. 녹음기를 만들기로 했다. 가느다란 철사에 녹음을 시키는 것까지는 성공을 했지만 편집했을 때 자르고 때우는 과정이 문제였다. 이때 맥아더 사령부에서 확성기가 울려 퍼졌다. 저것이 녹음기일 것이라는 생각에 달려갔다. 모리타 아키오는 미군 장교를 설득해 녹음기를 몇 시간 빌렸다. 녹음은 철사에 돼 있는 것이 아니라 질긴 테이프(질긴 종이)에 돼 있는 것을 발견했다. 일본을 다 뒤져도 질긴 종이는 없었다. 마분지에 자석 가루를 칠해 만들기는 했지만 상품 가치가 없었다.

이들의 두 번째 목표는 트랜지스터로 라디오를 만들어, 손에 들고 다니면서 들을 수 있게 하는 것이었다. 라디오는 진공관 라디오, 덩치가 크고 가구와 같은 개념으로 사용됐었다. 이 진공관 라디오는 미국 TI(Texas Instrument)사가 발명했다. 트랜지스터는 1948년 미국의 벨 연구소 (Bell laboratory)에서 발명했다. 모리타 아키오는 벨 연구소에 가서 트랜지스터 사용 권리를 사겠다고 했다. "무엇에 쓰려구요?", "네, 라디오를 만들려구요", "그렇다면 공짜로 사용하세요" 그것이 상품 가치가 있겠느냐는 것이었다.

1955년, 모리타 아키오는 세계 처음으로 트랜지스터 라디오를 가지고 미국 시장을 노크했다. 손바닥만 한 라디오에 관심을 갖는 바이어가 없었다. 3일 동안 생각을 한 모리타 아키오는 신문광고를 생각해 냈다. 고객에 직접 알리면 바이어가 대들지 않을 수가 없다는 생각이었다. 이것이 신문광고의 효시였다. 당시 세계적으로 유명한 시계 제작 회사 부로바사 중역이 찾아왔다. 20만 개를 주문하겠으니 OEM으로 해달라고 했다. 라디오에 SONY 마크가 아니라 부로바 마크를 넣어달라는 것이었다. 일본 본부에 의사를 타진했더니 마음 변하기 전에 빨리 계약을 하라고 했다. 하지만 모리타는 이를 거절했다. 부로바 중역이 놀래서 찾아왔다. "부로바사는 50년 전통을 자랑하는 세계적인 기업입니다. 소니 제품에 부로바 마크를 넣는 것이 얼마나 횡재인지 모르십니까?" "네, 잘 압니다. 부로바사도 50년 전에는 우리 SONY사와 같은 처지에서 출발하셨겠지요. 우리도 부로바처럼 열심히 하면 50년 후에는 부로바사처럼 될 수 있을 것입니다. 소니사 제품은 소니 마크로만 판매하고 싶습니다" 그 후 40년 만에 두 회사의 프로필은 완전히 역전돼 있었다.

그 다음 목표가 워크맨이었다. 모리타의 발상이었다. 소니의 초대 회장은 이부카 마사루, 그는 모리타의 연장자였다. 미국을 다녀오면서 가지고 온 영문 포켓북을 책상 위에 올려놓으면서 "바로 요만한 사이즈의 캠코더를 만듭시다." 경박단소! 작고 가볍게 만드는 기술, 이것이 없으면 최첨단 전투기도 인공위성도 만들 수 없었다. 그는 SONY를 아들에게 물려주지 않고, 오랫동안 길러온 젊은 음악가 출신 오가에게 물려주었다.

토요타 신화

토요다의 카이치로, 자동차에 관심을 가졌다. 미국에서는 한 개의 차종을 제작하기 위해 컨베어 벨트를 설치하면 수만 대씩 만들어내고, 다른 차종을 위해 세팅을 했다. 그러나 일본에는 생활 수준으로 인해 한번 세팅을 하면 수천 개 정도만 생산했다. 생산효율상 미국 차와 경쟁할 수 없었다. 하지만 카이치로는 세팅 시간을 10분의 1로 줄이는 데 성공했다. 미국의 소품종 대량생산 체계에 대항해 일본은 다품종 소량생산 체계를 발전시켰다. 사람들은 남과는 다른 옷, 남과는 다른 독특한 차량을 갖기를 원한다. 따라서 일본의 다품종 소량 생산시스템이 국제시장에서 미국을 따돌리게 된 것이다. '적시 생산(JIT Just In Time)' 시스템도 토요다의 창조물이었다. 간단히 모델화하여 설명하면 이해가 쉬울 것이다. 12대의 기계가 있었다. 기계 한 대에 한 사람씩 서서 일했다. 각자는 최선을 다해 열심히 일했다. 그런데, '신바람'이 나서 열심히 일할수록 기업의 손익계산서에는 이윤이 줄어들었다. 더 열심히 일할수록 이윤은 더 많이 감소했다.

김영삼 시대인 1993년 서울공대 산업공학과 실력 교수인 이면우가 [W이론을 만들자]는 책을 써서 베스트셀러가 됐었다. 이론의 요지는 열심히 일하도록 신바람 문화를 만들자는 것이었다. 이렇게 신바람 나게 열심히 일해서 1인당 생산량이 증가했는데 왜 토요다에서는 이윤이 더 빠르게 감소했는가? '참으로 이상하다. 왜 1인당 생산성이 향상되면 될수록 손익계산서상의 이윤이 저하되는 것인가?' 토요다의 '오노' 부장, 식사를 하면서도 화장실에서도 그 생각만 했다. 그러다 한순간 무릎을 쳤다. 12사람의 작업대 앞에는 각자가 작업한 부품이 많이 쌓여 있다는 사실이 떠올랐다. 쌓여 있는 재고는 1개월 동안 소화가 안됐다. 1개월 후에 가공해도 되는 것을 미리 가공해 놓은 것이다. 열심히 일하면 일할수록 이자가 더 많이 날아가는 것이었다. "아하~. 전 공정은 후공정에서 소화한 것만큼만 생산하고 시간이 남아도 일하지 않는 것이 이익이 된다." 기막힌 논리를 찾아낸 것이다. 차라리 쉬는 것이 더 이익이었다. 각자에게 남는 시간이 또 아까웠다. 그래서 1인이 2개의 기계를 다루도록 했다. 결국 12사람이 다루던 12대의 기계를 한 사람이 다루게 된 것이다. 12대의 기계를 한 사람이 다루게 하려면 작업 반경이 문제였다. 그래서 기계를 U자형의 연속으로 배열해야 했다. "전 공정은 후공정이 소화한 것만큼만 생산하라" 재고가 쌓이지 않았다. 커플링!(Coupling)! 에누리 없이 찰카닥 궁합처럼 공장이 가동되어 공정과 공정 사이에 재고가 없도록 한 것이다. 이를 이름 짓기를 JIT시스템(적시생산)이라 했고, 이는 토요타의 트레이드마크가 되었다.

사원들의 학습능력, 몰두 능력, 문제를 해결하는 능력, 그것이 일본의 강점이다. 일본을 욕하고 멸시하는 한국인들에 묻는다. 왜 일본에는 노벨상이 많이 떨어지는데 한국에는 노벨상이 김대중이 탄 기형적인 평화상 말고는 단 한 개도 안 떨어지는 것인가?

일본이 이렇게 노력하는 동안 미국은 자만했다. 1957년 미국 국무장관 덜레스가 구름처럼 운집한 일본 군중에게 연설을 했다. "존경하는 일본 국민 여러분, 일본은 세계에서 가장 훌륭한 파자마를 만듭니다. 그리고 이 손수건도 만듭니다. 왜 이런 걸 더 많이 만들려 하지 않습니까?" 그는 뒷주머니에서 손수건을 꺼내 흔들어 보이면서 일본인들을 비꼬았다. 이런 거나 만들면 됐지 왜 Made in U.S.A를 흉내 내겠다고 공업제품과 전자제품을 만들려고 애를 쓰느냐, 비꼬는 것이었다. 하지만 이로부터 25년 후인 1982년, 미국인의 자동차 선호도 조사에서 일본이 1, 2, 3등을 차지했다. 미국 차는 겨우 7위를 차지했다. 미국의 거리거리에 일본 차가 미국 차보다 많아 보일 정도였다.

미국과 일본과의 경제전쟁

미국과 일본, 일본은 철광석의 99.6%를 오세아니아, 인도양, 라틴 아메리카에 의존한다. 원유의 99.8%, 천연가스의 79.2%, 석탄의 92.7%, 망간의 94.0%, 크롬의 93.5%는 페르시아만, 오세아니아, 인도양, 서남아프리카, 라틴 아메리카, 중국, 동남아 등 먼 곳들에 의존하고 있다. 반면 미국은 자원의 보고이며 과학 기술의 요람지이자 현대 경영학이 싹튼 곳이다. 모든 분야에서 일본과는 비교할 수 없을 만큼 앞서 있는 미국 경제가 이후 20여 년 동안 일본에 수모를 당했던 이유는 오직 한 가지, 일본의 경영능력이 미국을 능가했기 때문이었다.

07 배울 것 많은 일본의 노력

일본 기업들은 미국 기업들보다 더 많은 과학자와 엔지니어들을 보유하고 있다. 일본 기업의 경영제도는 종신고용, 근무환경 개선, 직장교육, 연구개발 투자, 가치 문화, 품질문화 등 모든 면에서 세계의 교과서가 되어 있다. 이는 미국 레이건 대통령이 조성한 '블루리본위원회'의 평가다. 일본 기업들이 장기적인 투자를 해 가면서 2~3%의 투자 대 수익율 (ROI: Return on Investment)를 올리는 동안 미국 기업들은 15% 이상의 투자 수익율을 단기에 올리기 위해 성장 동력인 장기투자를 생략했다. 이 차이가 일본을 품질 일등국으로 만든 것이다. 이 역시 미국의 불루리본위원회의 평가였다.

미국은 변호사 천국이다. 1980년 당시 미국에는 50만 명이 넘는 변호사가 있었고 매년 4만 명 정도의 변호사가 배출되고 있었다. 이들은 그들의 역할을 부각시키기 위해 일부러 사건을 만들어 일을 지연시켰다. 사건이 해결되면 판결 금액의 65%를 챙겼다. 이에 미국의 지식인들은 미국이 변호사들 때문에 망해가고 있다고 탄식들을 했다.

반면 일본은 과학기술의 천국이었다. 인구는 미국의 절반 수준이지만 겨우 2만 명의 변호사가 있었을 뿐이다. 매년 300명 정도의 고시 합격자들이 나오지만 이들은 판사, 검사, 변호사로 쪼개지기 때문에 변호사가 귀했다. 따라서 분쟁이 생기면 당사자 간 타협으로 해결했다. 일본인들의 독서

문화, 대화 문화, 예절문화가 이를 충분히 가능하게 했다. 이처럼 미국이 변호사들을 양산하는 데 교육비를 쓰고 있을 때 일본은 과학자와 엔지니어들을 양산하는 데 교육비를 썼다. 당시 일본은 미국보다 2배 이상 많은 엔지니어들을 보유하고 있었다. 인문계 교육을 줄이고 자연과학 육성에 자원을 배분했다. 머리 좋은 학생들이 법대로 몰리는 대한민국의 교육 현상은 이래서 비관적인 것이다.

일본 기업들이 새로운 제품을 개발할 때마다 미국 기업들은 언 발에 오줌만 누었다. 변호사들을 이용해 특허 소송을 냈다. 1975년 소니가 Betamax를 개발했다. TV 방송 프로를 녹화했다가 퇴근 후에 볼 수 있는 VCR(Video Cassette Recorder)이었다. Time Shift, 특정 시간에 방송되는 귀중한 프로를 시청할 수 없는 입장에 있는 사람들에게는 신의 선물이었다. 일본이 이 VCR을 발명하자 '유니버설 스튜디오'와 '월터 디즈니' 제작사가 소니에 즉각 소송을 제기했다. VCR이 공중 전파를 녹화(Taping from the air)하여 저작권(Copy Right)을 침해하는 기계라는 것이었다. 이 소송은 8년 동안이나 지속됐지만 결국 미국 법원은 소니사의 손을 들어주었다. 우리나라 김능환과 김명수 같은 대법관이었다면 상상도 할 수 없는 판결이었다.

미국 기업들은 소송이라는 수단으로 앞서가는 일본 기업

들을 제지시키려 했지만 이는 미국인에 대한 국제적 이미지만 추락시켰다. 이러는 동안 미국의 대일 무역 적자 폭은 해마다 늘어났다. 미국과 일본 사이에 무역 분쟁이 일었다. 미국은 일본을 무역 침략자로 규정했다. 갖가지 다양한 제품을 만들어 미국을 홍수처럼 침략하고 있기 때문에 미국인들이 일자리를 잃고 있다는 것이다. 미국이 1,000억 달러어치의 일본상품을 수입해주면 일본도 그만큼의 미국상품을 수입해야 한다는 상호주의(Reciprocity) 원칙을 내세우며 일본을 공격했다. 이에 일본은 미국의 주장을 보호무역주의적 발상이라고 받아쳤다. "인구만 하더라도 일본은 미국의 절반인데, 어떻게 밥량을 2배씩이나 올려 먹을 수 있느냐? 동등주의 (Equal Treatment)로 하자. 일본도 미국에 가서 미국법을 지키면서 미국인과 동등한 조건에서 뛰었으니, 미국도 일본에 와서 동등한 조건으로 뛰어라."

1980년에 미국은 일본에 통신 시장을 개방하라고 요구했다. 하지만 통신장비는 일반고객이 아니라 기술 전문분야 사람들만 사용하는 기계다. 미국인 통신전문가들도 미국제품과 일본제품을 놓고 비교해서 일본제품이 우수하니까 쓰는 것이다. 기술의 차이가 나기 때문에 발생하는 무역역조 현상을 정부가 개입할 수는 없는 노릇이 아니겠는가? 바로 이 시기가 Made in U.S.A가 Made in Japan에 밀리는 전환의 순간이었다.

 일본 기업 문화 Vs. 미국 기업 문화

세계 제2차 대전 이후 미국인들에는 NIH(Not Invented Here)증후군이 팽배해 있었다. 미국에서 생산되지 않은 제품들은 다 쓰레기라는 심리적 자만심이 팽배했던 것이다. 그 사이에 일본은 미국 땅을 샅샅이 뒤지며 배울 점 등을 배우다가 일본인 특유의 집합적 창의력으로 개선(KAIZEN)하여 완전한 일본제로 승화시켰다. 미국을 카피(복사)한 후 미국을 능가하는 제품을 창조한 것이다. 미국이 종이에 담아놓은 기술(Paper technology)을 생산기술(Production technology)로 잽싸게 전환하여 돈을 벌었다. 일본이 무서운 것이 무엇이고, 일본을 배워야 할 것이 무엇인가? 학습력과 창의력이다. 이를 부정한 경영계의 전문가는 한 명도 없을 것이다. 무역 역조는 양국 경영문화의 산물이었다. 잠시 미국과 일본의 경영문화를 살필 필요가 있다.

미국인 경영자들의 봉급은 단기 이윤의 크기에 비례한다. 이럴 때 경영인들이라면 어떻게 행동할까? 단기 이윤 부풀리기에 올인하게 돼 있다. 설비투자와 연구개발을 뒤로 미루었다. 종업원을 교육시키고 학습시키는 시간을 아꼈다. 근로환경을 개선하는데 지출하기를 꺼렸다. 근로자들은 또 어떠했는가? 직장이 삶의 공간이 아니라 봉급을 벌기 위한 지옥이었다. 직장에서는 보수를 받고 여가는 밖에서 즐긴다는 의식이 팽배했다. 타임 카드를 가지고 회사들과 게임을 했다. 같은 분량의 일을 해도 시간을 늘려서 했다. 그래야 시급을 더 많이 받을 수 있었다.

반면 일본 기업의 최고 경영자의 연봉은 맥아더 사령부 때부터 신입사원 연봉의 8배 이상 높일 수 없게 했다. 그 대신 최고 경영자는 출장 때 일등 칸을 타고, 초일류 호텔에 묵는다. 기업이 아무리 많은 수익을 내도 간부들에게 보너스를 주지 않는다. 주식의 배당금에도 많은 세금을 물렸다. 일본의 직장은 행복을 누리고, 자아실현을 위한 공간이었다. 높은 봉급보다 더 행복한 것이 자기 능력의 계발이었다. 근로자들이 직장에서 행복하면 할수록 그 행복은 기업에 도움이 되었다. 방법을 개선하고, 새로운 제품을 발명해 내는 것, 이것이 일본 직장인들의 행복이었다. 직장에서 타임 카드로 게임을 하고, 그 급료를 가지고 행복을 밖에서 찾는 미국 직장인들과는 게임 자체가 될 수 없었다. 미국 경영자들은 보스(Boss)였지만, 일본 경영자들은 코치요. 토의 상대였다. 미국에 진출한 혼다(Honda)자동차 공장에 취직한 미국인들은 포드나 크라이슬러에 고용된 미국인들에 비해 굉장한 우월감을 느낀다. 일본의 자발성과 미국의 타임 카드, 전자는 인격이고 후자는 돈의 노예다.

미국은 간부의 단기 이윤이 저조할 때 책임을 묻지만, 일본은 그렇게 하지 않는다. 회장인 마쓰시타 고노스케, 한 중역이 의사결정을 잘못해 기업에 엄청난 손해를 끼쳤다. 그런데도 고노스케는 그 중역의 등을 두드려 주면서 더 열심히 일하라고 격려했다. 반면 결재서류를 이면지에 써서 올리라는 명령을 위반하고, 결재서류를 새 종이에 써서 올린 간부에 대해서는 강등을 시켰다. 사원들이 의아해하면서 질문을 했다. "회장님, 지난번 모 중역은 회사에 막대한 손실을 끼쳤는데도 용서하시고 격려해 주셨습니다. 이번의 모 간부님은 하찮은 이면지 사용 명령을 위반했습니다. 회장님께 이면지를 내민다는 것이 황송해서 그랬는데 그런 것을 이렇게 엄하게 처벌하시는 것이 도저히 납득이 가지 않습니다." 이에 마쓰시타 고노스케는 이렇게 답했다. "아무개 중역은 모든 회사원이 다 인정하는 열성을 가진 간부다. 그렇게 열심히 일하는 간부가 어쩌다 한번 저지른 실수를 탓해서 해고하면 이후 그 누가 열심히 일을 하겠는가? 하지만 이면지를 사용하지 않은 것은 태만이다. 태만은 개인에게나 조직에게나 다 같이 암적 존재다. 태만은 반드시 처벌돼야 한다." 그 대신 고노스케는 그 중역이 무엇 때문에 손실을 입혔는지 그 원인을 규명하는데 두뇌를 투입했다. 실수로부터 개선책과 교훈을 찾아내려는 노력이었다.

미국인들이 경험 요소를 중시하여 전통과 관습에 젖어있는 동안 일본인들은 신인들을 선발해 목표와 비전을 제시해 주고 책임과 권한을 부여했다. 미국은 종업원 1인에게 한 가지 일만 맡기고, 그 일이 소멸되면 종업원을 해고했다. 하지만 일본은 한 종업원이 여러 가지 일을 할 수 있도록 능력을 향상시켜 주었다. 마케팅 부서에서 일하던 사람이 공장에서 일하게 했다. 가장 유능한 세일즈맨은 기술 현장을 아는 사람이다. 소품종 대량 생산 환경에서는 숙달이 중요시되지만, 다품종 소량생산 환경에서는 만능 인간, 만능 기계가 필요했다. 결원이 생겨도 다른 부서 사람이 보충할 수 있었다. 올코트 프레싱도 가능했다. 노예 마인드를 가진 종업원과 주인의식을 가진 종업원, 일본의 기업 문화로부터 세계는 많은 것을 배울 것이다.

무엇이 잘못됐느냐 Vs. 누구를 처벌할 것이냐

기업에서나 공공의 공간에서는 늘 문제가 발생한다. 문제가 발생했을 때 일본, 미국, 영국 등 선진국은 문제의 발생 원인을 규명하고 교훈을 이끌어내서, 다시는 같은 종류의 문제가 재발되지 않도록 시스템을 창조한다. 그런데 한국 사회에는 기업에서나 공공 공간에서나 이러한 노력이 전혀 없다. '누구를 처벌하고 잊을 것이냐?' 이것부터 따진다. 잘못의 원인을 가장 잘 찾아낼 수 있는 사람들이 사고에 관련돼있는 사람들인데 그들을 감옥에 넣겠다며 분석 능력 없는 경찰이나 검사들부터 달려드니 그들이 사고의 원인을 밝혀 주겠는가? 모두가 은닉하고 변명할 수밖에 없는 것이다. 그래서 한국에서는 같은 사고가 연년세세

이어지고 반복되는 것이다. 역사를 위조하고, 사실을 위조하는 이런 국민은 역사로부터 절대로 배우지 못하는 '후진 국민'이 될 수밖에 없다.

1942년의 IBM 왓슨(watson)회장, 중역 중 한 사람이 회사에 당시 화폐로 1천만 달러의 손해를 끼쳤다. 그는 얼굴을 들 수 없어 사표를 우송하고 칩거했다. 왓슨 회장이 그를 불렀다. "자네, 내가 바보인 줄 아는가? 나는 자네에게 1천만 달러나 투자했네, 자네가 나가고, 다른 사람이 들어오면 그 역시 자네와 똑같은 잘못을 반복할 수 있을 걸세, 잘못으로부터 교훈을 이끌어내면 그것이 바로 돈일세. 분석가들과 함께 잘못의 원인을 규명하고 교훈과 대책을 이끌어내게. 그리고 당신은 일을 열심히 하는 사람인 것으로 정평이 나 있는 사람인데, 그렇게 일을 열심히 하는 사람을 한번 실수했다고 자르면, 그 누가 책임의식을 가지고 도전적으로 일을 하겠는가? 모두 다 안전빵으로 몸을 사릴 것이 아닌가? 그러면 회사는 끝장나는 거라네."

 사고 날 때마다 뼈만 깎은 김영삼

1993~98년 대통령이었던 김영삼 시절, 성수대교 붕괴, 위도 페리호 침몰 사고, 수학여행 간 학생들이 불에 타서 집단 사망한 사고, 대구 지하철 사고 등 끔찍한 사고가 계속 발생했

다. 그때마다 경찰과 검찰은 억울하고 힘없는 말단들만 잡아넣고, 손을 털었다. 김영삼은 사고가 발생할 때마다 청와대 고급의자에 앉아서 '뼈'만 깎는다고 발표했다. IMF 사고를 스스로 일으켜놓고도 그때는 뼈를 다 깎아내고 없어서인지 뼈를 깎겠다는 말도 못 하고 내려왔다.

'위도'라는 섬을 향해 휴가인들을 과밀하게 태우고 가던 페리호가 침몰한 사건을 기억하는가? 그 얼마 전, 영국에서도 같은 사고가 발생했다. 영국에는 지브러히라는 섬이 있다. 그 섬을 왕복하는 페리호 선박이 관광객을 잔뜩 싣고 가면서 커브를 틀자 사람들이 우루루 쏠려 집단으로 물에 떨어져 사망했다. 똑같은 종류의 사고가 났는데, 영국과 대한민국이 취한 조치가 하나는 선진국, 하나는 미개국이었다. 대한민국은 검찰이 몇 명만 잡아 감옥에 보냈고, 그것이 끝이었다. 하지만 영국은 달랐다. 사고의 원인을 규명하고 재발 방지 대책을 찾아낸 것이다.

문을 단속하는 선원에게 물었다. "당신은 왜 선박이 출발하기 전에 문을 잠그지 않았는가?" 선원이 답했다. "이날은 휴일이고 원체 승객이 많아 선장이 이를 고려해 출발 시간을 약간 늦출 줄로만 알았습니다. 승객이 너무 많아 승객을 안으로 밀어 넣고 있을 때 선장이 갑자기 출발하면서 커브를 틀었습니다." 그럴듯한 이유였다. 이번에는 선장에 물었다. "당신을 왜 승객 사정도 고려하지 않고, 정시에 출발했는가?" "저는 원래 시간을 준수합니다. 선원들이 그 시각에 맞춰 출발 준비를 완료했을 거라고 생각했습니다. 이제까지 정시를 어긴 적이 없었습니다." 이에 영국 조사관들은 무슨 결론을 내렸을까? 대한민국처럼 희생양을 찾으려 하지 않았다. 사고의 원인은 사람이 아니라 '시스템 부재'였다는 결론을 내렸다. 문 관리 선원들과 선장 사이에 소통하는 수단이 전혀 없었다. 이 시스템 하나만 있었어도 사고는 예방될 수 있었다.

 **영국은 선진국, 한국은 후진국**

시스템! 영국은 비단 선박뿐만 아니라 인명에 영향을 미칠 수 있는 모든 공공시설, 공공 공간에 대하여 사고가 발생할 수 있는 요인을 찾아내고, 그것을 예방할 수 있는 시스템을 설치할 것을 강제화했다. 사고 예방을 위한 가장 기본적인 시스템을 표준화시킨 것이다. 영국 표준 BS-5750, British Standard 5750이었다. 국제사회가 이에 관심을 가지게 됨으로써 영국 표준 5750을 국제표준 2000(ISO2000: International Standard Organization)으로 채택하여 스위스 제네바에 본부를 두고 관리하기 시작했다. 이후 모든 세계기업은 최소한 ISO로부터 ISO-2000 표준에 합격했다는 인증서를 받아야만 국제시장에 제품을 출품할 수 있었다.

예를 들면 냉장고를 출품하는 기업은 최소한의 품질을 제조해 낼 수 있는 시스템을 갖추었다는 것을 인증서로 증명해야만 출품할 수 있었다. 바이어(Buyer)들이 제품 하나하나를 일일이 평가할 수는 없다. 생산 시스템이 훌륭해야 제품도 훌륭할 수 있다는 전제하에 기업의 기본 시스템을 ISO-2000 표준의 잣대로 평가하는 것이었다. 이 엄청난 발전적 변화를 가져온 것이 바로 영국 지브러히 페리호 사고의 산물이었다. 사고 현장만 쓸어 묻어버리고 손을 털어버리는 대한민국의 오늘과 30여 년 전의 영국 사이에 얼마나 깊은 강이 가로놓여 있는가? 이런 후진국적 문화에서 어떻게 삼성, 현대, LG 등이 탄생해 대한민국을 먹여 살리고 있는지 그것이 불가사의한 현상이 아닐 수 없다.

대한민국에서 살고 있는 오늘의 국민들, 현재 살아남고 있는 것은 생명이 국가 시스템에 의해 보호받고 있기 때문이 아니라 토정비결이 좋아서 살아남아 있는 것이다. 공공안전 시스템이 황무지에 가까운 나라, 그것이 잘난 체하는 한국인들의 나라인 것이다.

 **선진국 대통령과 후진국 대통령**

2010년에 해군 미니 구축함 천안함이 침몰됐다. 몇 줄의 뉴스만 봐도 북괴 소행이었다. 그런데 그 원인에 대한 진단들은

현장에서 사고를 당한 군사 전문가들 입에서 나오지 않고 바다 밖 멀리에 떨어져 사는 붉은 주사파들의 입에서 쏟아져 나왔다. 붉은 좌익들은 "미군 잠수함이 침몰시킨 것"이라 했고, 당시 대통령 이명박은 "내가 배를 지어봐서 아는데 배가 낡아서 피로파괴한 것으로 보인다"고 예단했다. 바다 건너 먼 곳에 있던 미국 대통령 오바마가 이명박의 한심한 소리를 듣고 이명박에 전화를 걸었다. "미국, 영국, 스웨덴, 호주 등에서 잠수함 전문가를 모집해 보낼 테니 원인을 과학적으로 분석하는 것이 어떠세요?" 15명의 국제 전문가가 한국에 왔고, 여기에 한국 과학계 전문가를 합쳐 조사한 결과 북한 소행임이 명백하게 드러났다. 그래도 주사파들은 물러서지 않고 지금까지도 미국 잠수함 소행이라는 괴담을 뿌리고 있다.

과학 모르는 대통령들

그런데! 그다음 대에 대통령이 된 박근혜 시대의 2014년, 세월호가 침몰돼 수백 명의 어린 생명들이 학살됐다. 학살이라는 표현을 쓴 이유는, 사고가 우연한 사고가 아니라 공작에 의해서만 발생할 수 있었던 사고였고, 침몰 후에도 선장과 선원들이 대량 인명피해가 날 수밖에 없도록 이상한 조치들을 취했기 때문이다. 이 사고 역시 그 4년 전에 발생했던 천안함의 경우처럼 행정부가 나서서 전문 기술자와 과학자들을 모집하여 조사팀(TF)을 꾸려 과학적 조사를 했어야 했다. 그런데 박근혜는 4년 전의 천안함 사고로부터 아무런 지혜도 얻지 못해 행정부 소관 업무를 방기했다. 그래서 사고의 원인은 주사파들로 구성된 민주당 의원들과 반국가 분자들에 의해 괴담으로 발전했고, 그 괴담이 박근혜 탄핵에 물꼬를 텄다. 학습도 없고, 사색 능력도 없는 사람들이 대한민국을 움직이고 있는 것이다. 그나마 민주주의 국가라는 허울이 있기에 자유가 어느 정도 보장이 되고, 그 자유 속에서 피어난 창의력이 '열대의 대지에 드문드문 솟아난 선인장'처럼 꽃이 되어 경제적 부를 누리고있는 것이다.

권력을 가진 사람들은 많다. 그러나 오케스트라를 지휘할 수 있는 권력자는 없다. 학습 능력, 학습 습관이 없기 때문이다. 권력을 가진 사람들은 거의 예외없이 주위를 자기중심적으로 통제하려고 독재를 한다. 갑질 문화가 번창해 있는 것이다. 팔로우들의 창의력을 이끌어내려는 마인드 자체가 없다. 학교는 누구나 다 다녔다.

학교란 무엇인가? 물고기를 잡아 주는 곳이 아니라 물고기 잡는 기초만 알려주는 곳이다. 물고기는 각자의 창의력으로 잡아야 한다. 독서가 없고, 상대방을 존중하려는 매너가 없고, 사색력을 습관화하지 않는 사람들이 번드르르한 말재주 하나 길러가지고 출세들을 하는 세상이 대한민국 세상이다. 학교를 졸업한 사람들은 가장 많은 나라이지만 학습을 하는 사람들이 가장 적은 나라가 대한민국인 것이다.

 **일본의 토의 문화 QCC**

창의력, 한국인이나 일본인이나 다 같이 가지고 있다. 창의력은 발전의 원동력이다. 이 귀중한 창의력을 한국인들은 활용을 하지 않고, 일본은 세계에서 가장 잘 활용한다. 4만 명의 도요타 자동차 회사에서는 매년 평균 260만 건의 창안 안건이 제안되고, 그 96%가 반영된다. 마쓰시다와 후지전기는 근로자 1인당 평균 매월 10건씩의 창안 안건이 제출된다. 이중 50%가 반영이 됐다. 1950년, 자동차 한 대를 만드는데 토요다는 포드에 비해 10배나 많은 인력을 사용했다. 하지만 25년 후인 1975년, 토요다 생산성이 미국을 훨씬 앞질렀다. 토의 시스템 때문이었다.

세계에 널리 알려진 일본의 레저업체 '하와이언 스파', 토의로 인해 태어난 기업이다. 1750년 영국에서 발아된 산업혁명, 석탄이 에너지원으로 등장해 200여 년 동안 인류에 공헌하다가 1950년을 전후해 석유에 자리를 내주었다. 일본의 탄광 회사들이 직종을 바꾸거나 폐업이 되었다. 모든 근로자들이 뿔뿔이 흩어져야 했던 한 탄광 근로자들이 모여서 토의를 했다. "우리는 가족처럼 살아온 사람들이다. 이대로 헤어질 수는 없다. 우리가 할 수 있는 일을 찾아보자. 사람이 많으면 토의가 제대로 안 되니 마음에 맞고 서로 의사소통이 잘 되는

07 배울 것 많은 일본의 노력

친구들끼리 조를 짜서 대안을 찾아보자" 건강 레저기업을 만들자는데 의견일치를 보였다. 손이 거칠고, 행동이 유연치 못한 광부들은 뒤에서 일하고, 가족들이 앞장서서 웨이터와 웨이트리스가 되었다. 이렇게 탄광 노동자들이 창업한 새 기업이 오늘날 세계에서도 유명한 건강레저기업 '하와이언 스파'인 것이다.

 **도덕이 기본인 일본 기업 문화에서 학대라니!**

여기에서 우리가 관찰할 수 있는 것이 무엇인가? 탄광이라는 막장 노동 현장에서 일하는 사람들까지도 직장을 가정과 같은 생활 공간으로 여기고 동료들을 가족으로 여기는 집단의식이 엿보인다. 도전정신이 보이고, 일본 사회의 토의 문화가 탄광 속에까지 침투돼있다는 사실이 보인다. 이런 일본 사람들이 조선 청년들을 직장에서 차별하여 이지메시키고 따돌려 혹사시키고 학대했다는 것은 상상하기 매우 어렵다.

일본 사람들은 빨갱이들이 말하는 것처럼 악독 악랄한가? 일본군 위안부라는 이상목은 15세에 가출하여 일본으로 휩쓸려 갔지만 일본군 군 병원에서 봉급을 받고 일하다가 군의관이 조선으로 되돌려 보내주려 했다가 폭격으로 사망하는 바람에 군 병원에서 일하다가 위안부가 되었다 한다. 심미자의 경우에는 교실에서 한국 지도에 무궁화꽃을 수놓고, 일본 지도에 나팔꽃을 수놓았다 하여 경찰에 끌려갔는데 일본군 헌병대장 스즈끼의 연인이 되었고, 한용운과 박마리아의 부탁을 많이 들어주었다고 한다. 헌병대장은 매우 착해서 조선인들을 도와주는 것을 용인해 주었다고 한다. 이상옥을 군 병원에 취직시킨 일본인이 있었고, 그녀를 조선으로 돌려보내 주려던 착한 일본군 군의관도 있었고, 신미자를 진심을 다해 사랑한 헌병대장도 있었다. 이는 일본을 헐뜯고 모략해온 이야기들에 전혀 어울리지 않는다. 무엇이 거짓이고 무엇이 참인가?

토의가 내는 위력

일본의 토의 문화는 상대방에 대한 인격적 배려와 상대방으로부터 배우려는 일본인 특유의 자세에서 자연적으로 성숙돼 왔다. 그런데 이 장점을 미국과의 산업경쟁을 위해 본격적인 시스템으로 한 단계 업그레이드 시킨 계기는 일본 품질문화에 연결돼 있다. 토의가 일본 품질문화의 절대적 원동력이 된 것이다. 일본 품질문화의 독특함에 대해서는 뒷부분에서 따로 다루겠지만 토의가 얼마나 커다란 위력을 발휘하는가에 대해 몇 가지 사례를 소개한다.

필자가 한 최고경영자 과정에 나가 시스템 경영에 대한 강의를 할 때 한 경영자가 필자의 얼굴을 유심히 뚫어져라 응시했다. 왜 필자를 유심히 바라보느냐?고 물었더니 너무나 공

07 배울 것 많은 일본의 노력

감이 가서였다고 했다. 그에게 발언권을 주었다. "저는 건설업자인데 처음에는 개인들로부터 부탁을 받아 각기 원하는 개성 있는 집을 지어주었습니다. 어느 한 부자가 값은 2배로 줄 테니 매우 짧은 기간에 집을 완성시켜 달라는 것이었습니다. 건축계 상식으로는 도저히 불가능한 납기였습니다. 그런데 가격이 2배라서 거부할 수가 없었습니다. 욕심에 결단을 내려 수용했습니다. 그리고 건축에 동원된 모든 하청업자들을 한 군데 불러 모아 사정을 말하고 방법을 찾아보자 하였습니다. 여러 사람들이 아이디어를 내놓았습니다. A의 아이디어가 좀 부족하면 B라는 사람이 보충해 주었습니다. 매우 놀랍게도 손발이 척척 맞아 자본주가 원하는 기일 내에 건물을 납품할 수 있었습니다. 저는 이 신기한 경험이 경영학 이론에 있을 줄은 꿈에도 몰랐습니다."

 **미국의 경영 귀재 잭 웰치의 토의 문화**

2000년 초, 미국 굴지의 기업 GE의 잭 웰치 회장의 경영이론이 널리 읽혔다. 그의 성공 스토리의 핵은 『현장 토의로 문제 해결』(워크아웃Workout)이었다. 부실기업의 개선작업(walkout)과는 발음은 비슷하지만 내용은 전혀 다르다. 그는 가는 데마다 문제를 발견했다. 문제가 발견될 때마다 관련자들을 현장에 불러 모았다. 그리고 현장 토의를 했다. 현장에서 발견된 문제는 곧바로 현장 토의를 통해 해결

173

하고, 연구 과제라며 뒤로 미루지 말라고 했다. 이것이 GE 사의 워크아웃이다. 사람이 많으면 아이디어도 많다. 이익을 많이 내자는 것은 기업의 목표가 될 수 없다. 모든 인류가 동감할 수 있는 숭고한 가치(Value)를 목표로 설정하라. 세계인이 공감할 수 없는 목표와 가치는 GE의 사원들도 공감할 수 없다. 목표에 공감이 가야 사원들의 창의력과 정열이 발동한다. 통제하지 말라. 통제를 안 하는 것이 훌륭한 경영술이다(Less Control is more Control). 부서와 부서 간의 벽을 부숴라. 벽이 없어야 아이디어가 창출된다. 상하의 계급도 없애라. 관리자는 보스가 아니라 코치여야 하고 팀장이어야 한다. 이렇게 할 때 비로소 토의가 위력을 발산할 수 있다. 토의를 무기로 한 GE의 잭 웰치는 2000년 초에 등장한 미국 경영계의 샛별이었다.

 **일본 사회 전체를 뒤덮은 토의 문화**

그런데 이 토의는 그보다 40년 전인 1962년 이미 일본 전역에 확산되기 시작했다. 일본식 분임 토의 이름은 QCC(Quality Control Circle) '품질관리서클'로 출발했다. 토의 문화가 기업에서 가장 먼저 출발한 것이다. 1962년에는 니폰 무선전보 회사에, 1965년에는 토요다에 전파됐다. 창안자는 일본 통계학자 '가오루 이시가와', 해마다 일본에서는 가오루 이시가와 상을 타기 위해 전국의 써클이 다 발

표회에 참가한다. 예를 들어 1990년 12월 6일에는 2,590번째 일본 QCC 대회가 열렸다. 그해에 열린 QCC 대회는 무려 183회였다. 이틀에 한 번씩 대회가 열리니 QCC 대회는 가히 생활의 일부라 할 수 있다. 전국적으로 14만 2,408명의 QCC 대표자가 참가했고, 3,941개의 문제해결 사례가 발표됐다. 모든 QCC 분임조에는 작명이 돼 있다. 화장품 회사인 '코제'의 '미다마 서클', 미쓰비시의 'RJK' 서클은 일본 전체에서 유명한 선두팀들이다.

 **토의와 생산성의 걸림돌, 한국의 신분 문화**

한국 기업의 애사심은 하급자로 내려갈수록 더 높다. 하급자들은 기업의 주인이 바로 자기라는 커다란 포부를 가지고 일을 열심히 하고 싶어 하지만 거기에 찬물을 끼얹는 사람들이 중간관리자들이고 간부들이다. 신분주의가 상하관계를 불통 관계로 악화시키는 것이다. 한국 축구를 획기적으로 개화시킨 히딩크, 그의 가장 큰 업적은 축구계의 고질인 상하 선후배 관계를 헐었다는 점이다. 과거의 게임을 재생해 보고, 후배라도 선배의 실수나 버릇을 지적할 수 있도록 하여 지혜를 창출하는 토의 문화를 설치한 것이다. 선후배, 상하 사이에 토의가 없으면 발전도 없다. 상급자는 무엇이어야 하는가? 함께 문제점을 찾아내고 함께 문제를 해결해 가도록 기회와 동기를 마련해주는 '촉진자(Facilitator)'여야 한다. 앞서서 결재를

기다리고 있어야 하는 사람이 아닌 것이다.

　건물의 리모델링(Renovation)을 할 때, 수주를 받은 한국팀과 다른 수주를 받은 영국팀이 일하는 과정을 관찰한 적이 있다. 한 회사에 한국팀과 영국팀이 함께 편성돼 있는 회사에 대해 경영진단을 했기 때문이다. 영국팀, 리모델링 수주를 받기가 무섭게 부사장이 가장 먼저 건물의 층과 층 사이를 기어다녔다. 아래위가 붙은 고무 작업복을 입고, 안전모에는 전등을 달고, 손에는 커다란 랜턴을 들고, 녹음기를 가슴에 차고, 먼지 많은 어두운 공간을 기어다니면서, 작업할 내용을 상세히 녹음기에 입력했다. 그리고 녹음 내용을 문서화한 후 본인이 할 일, 팀원들이 할 일을 정리한 후 이동 중에 통신으로 작업지시를 내린다. 속도와 정확도가 대단했다. 영국에서는 직급이 높을수록 현장 지식과 지혜가 많다.

　반면 한국팀은 수주를 맡았을 때 어떻게 하는가? 맨 밑에 있는 대리급이 층 사이의 검은 공간을 누빈다. 그가 관찰한 내용을 문서화하여 결재를 올린다. 과장, 차장, 부장, 상무, 전무로 올라갔다. 대리가 과장 결재를 받으려는데 과장이 바쁘다. 과장이 부장에게 결재를 받으려면 부장이 휴가 중이다. 시간이 늘어진다. 지식과 지혜가 풍부한 영국 부사장이 관찰한 것과 그것이 부족한 대리가 관찰한 내용을 비교하면, 누구의 관찰 내용이 질적으로 우수할까? 질적인 면에서 상대적으로 열등한 것을 놓고, 결재에 결재가 릴레이로 이어지는 한국식 경영이 한심해지는 것이다. 한국 기업에서는 높은 사람이 의자에서 일을 하고, 선진국 기업에서는 높은 사람이 현장에서 일한다. 미국, 영국, 호주의 경우 높은 사람들은 대부분 하루 종일 현장에 다니면서 서서 일을 한다. 자기 사무실 의자에 앉을 때가 드물다.

 **한국, 먹고사는 게 기적**

한국적 관료주의에 나타난 일반적인 현상을 필자의 경영 진단 경험에서 뽑아보았다.

1) 간부에 대한 불신감 : 문제나 태도를 말하면 손해 본다. 어쩌다 말해놓고는 즉시 후회한다. 회사의 문제점을 수용해주는 것이 아니라 비난과 질책이 돌아오기 때문이다. 문제가 발견돼도 말을 하지 않는 것이 상책이다.

2) 관료주의 : 결재 때문에 일할 맛을 잃는다. 급하게 진행돼야 할 일이 결재 때문에 지연된다.

3) 간부의 무능 : 지침도 안 주고 일거리만 던진다. 알아서 하라는 것이다. 조선 양반 스타일이다.

4) 신분 차별 : 신분 차별 때문에 하루에도 여러 번씩 기분이 상한다. 협력업체 직원들은 간부들에게 인간 대접을 받지 못한다. 그 모멸감 때문에 퇴사하는 사람들도 있다. 빠듯하게 운영하는 협력업체에 이렇게 해서 결원이 생기면 사람 구하느라 대기시간이 늘어난다. 사람 구하기도 힘들다.

5) 알력 : 어느 기업에서나 최고경영자에는 심복이 있다. 그 심복과 간부 사이에는 거의 예의 없이 불화가 있다. 간부들과 최고경영자 사이에 벽이 생기게 된다. 여기에 더해 심복이 설치면 사태는 더욱 악화된다. 이로 인해 발생하는 비용은 회계장부에는 잡히지 않지만 천문학적이다. 유능한 경영자는 보이지 않는 비용, 물 밑에 가라앉은 커다란 빙산을 볼 줄 아는 사람이다. 차지철이 너무 설쳤기에 말년의 박 대통령을 감싸고 있던 고위직들의 마음이 박 대통령을 떠난 것과 같은 이치다.

6) 서로 미루기 : 의당히 해오던 일은 관성의 법칙에 따라 묵묵히 계속하지만 생소한 일이 생기면 서로 미룬다. 살아남으려면 남에게 미루기를 잘해야 한다. 품질에 문제가 발생하면 서로 자기의 책임이 아니라는 것을 설득하기 위해 시간을 버린다.

 일본 품질관리(QC)의 발전사

수리학적 품질관리를 실행시킨 시조는 미국의 슈하르트(Walter Andrew Shewhort;1891~1967)라는 통계학자였다. 1926년 그는 벨 연구소(Bell Laboratory) 제조공장에 적용할 '슈하르트 컨트롤 차트'를 창안해냈다. 각 공정의 작업 결과를 수치로 측정하여 이 수치가 일정 범위 내에 들어있으면 합격시키는 차트였다. 세계 제2차 대전시 미국은 각종 군수품을 대량으로 생산해야만 했고, 군수품이 불량하면 패전으로 연결될 수 있었다. 그래서 미국 방위산업 업체에서는 이 '슈하르트 차트'가 생명이었다. 미군 당국은 이를 'Z-1' 표준이라고 불렀다.

1945년 맥아더 사령관은 미군에 납품되는 모든 군수품을 생산하는 일본 업체에 Z-1표준을 강요했다. 바로 이 단계에서 일본 통계학의 거두인 '가오루 이시가와'와 '다구치 겐이치'가 뛰어들어 일본의 독특한 품질관리의 역사를 열기 시작했다. 제품을 만들어 내는 데에서도 먼저 미국을 모방한 후, 미국 제품을 능가하는 Made in Japan을 만들어냈듯이 품질관리 영역에서도 일본은 먼저 미국을 모방한 다음 일본 고유의 창작물로 발전시켰다.

사전 품질 관리의 창시자 일본

미국의 품질관리는 사후관리였다. 품질검사(Quality Inspection), Z-1표준은 일단 제조-가공된 제품이 합격품인가 불합격품인가를 걸러내는 역할만 수행했지, 불량품이 발생하지 않게 하는 사전 조치 즉 예방조치를 취하는 품질관리가 아니었다. 미국의 품질관리는 경찰관식 품질관리였다. 경찰이 목 좋은 곳에 숨어있다가 위반 차량을 잡아내듯이 미국의 품질관리 요원들은 계측기와 슈하르트 차트(Z-1 표준)를 가지고 불합격품을 찾아내 폐기하는 일만 했다. 시간도 많이 소요됐다. 왜냐하면 작업자들은 품질관리 요원들이 나타날 때까지 초조하게 검사를 기다려야 했기 때문이다.

일단 불량품으로 확인되면 거기에 투여된 원가는 증발돼 버린다. 그래서 일본은 사전 품질관리, 불량품질이 발생하지 않게 일하는 방법을 품질관리팀과 작업팀이 함께 사전에 토의 연구한다. 이런 일본식 품질관리 기법을 미국도 도입하였다. 미국의 감사원과 군 계약 감사국(DCAA:Defense Contract Audit Agency)은 우리 감사원처럼 사후 감사를 하지 않고, 사전 감사를 하여 낭비를 사전에 예방한다.

여기에 더해 일본의 품질관리는 전사원적 품질관리로 발전했다. Company wide quality control! 정문의 경비원도 품질에 영향을 미치고, 출근 시의 버스기사도 품질에 영향을 끼친다. 이들이 불손, 불쾌한 언행을 보이면 여러 사원들의 기분이 상한다. 화장실이 불결해도, 구내식당이 불결해 보여도 기분이 상한다. 직장 내에서 사원들 간에 불쾌할 일이 생겨도, 상급자로부터 불쾌한 말을 들어도 기분이 상한다. 기분이 상한 사람들이 제품을 만들면 불량품이 발생한다는 것이 일본 회사원들의 종교다. 그래서 상하좌우 모든 회사원들은 늘 상대방에게 폐를 끼치지 않기 위해 세심한 주의를 한다. 일본이 예의가 깍듯한 나라가 되지 않을 수 없는 것이다.

인간 매너와 품질

대한민국 전철 차량 제조 공정을 하루 종일 관찰한 적이 있다. 작업자들에 기율이 없었다. A가 사용했던 작업 도구를 B가 찾아 헤매고, 일하는 사람과 앉아서 잡담하는 사람이 범벅돼 있었다. 작업 도구를 찾으러 이리저리 헤매는 사람의 기분이 어떠하겠는가? 바로 이들에게 시간은 자유재였다. 민주노총 요원들이 일하는 현장이었다. 일본에는 5S라는 기율이 있다. 작업장에서 준수해야 하는 5가지 원칙이다. 정리, 정돈, 청결, 기름치기, 작업기율들이다. 작업 도구는 반드시 사용 후 제자리에 위치해야 한다. 작업장이 깔끔하게 청소돼 있어야 하고, 작업도구가 항상 청결하게 유지돼야 하고, 작업의 기율이 엄격해야 하는 것이다. 그런데 민주노총의 그 작업장은 난장판이었다. 2000년의 일이었다.

 **원수의 나라에서 스승을 모셔와**

일본은 어떻게 품질관리에 눈을 뜨게 되었는가? 전후의 일본 통계학자들은 JUSE(Japanese Union of Scientist and Engineers)라는 클럽을 만들어 미국이 낳은 품질 이론가들을 줄줄이 모셔다가 공부를 했다. 슈하르트 박사는 일본에 '통계학적 품질관리(SQC;Statistical Quality Control)를 가르쳐 주었고, 쥬란 박사는 문제가 생기면 반드시 프로젝트로 전환하여 집단지혜를 동원해 해결하라는 것을 강조했다. 데밍 박사는 "모든 의사결정은 여론, 직관, 경험에 의해 하지 말고 오로지 자료와 사실에 기초해서 하라. 이 세상에서 자료 없이 의사결정을 하는 사람은 오직 신뿐이다." 과학적 의사결정을 강조했다.

GE의 품질관리 책임자였던 피겐바움(Fiegenbaum)박사는 TQC(Total Quality Control), 전사적 품질관리를 강조해 주었다. 이것이 CWQC(Company Wide Quality Control)로 발전한 것이다. 일본 QC는 한 단계 더 발전했다. 온라인 QC와 오프라인 QC, 온라인 QC는 공장 라인에서 생산된 제품의 품질이 설계된 품질을 얼마나 정밀하게 반영했느냐에 대한 품질관리이었고, 오프라인 QC는 제품의 클라스를 업그레이드시키기 위한 품질 향상 노력이었다. 예를 들면 전구의 수명을 1,000시간에서 2,000시간으로 늘리기 위한 노력이었다. 오프라인 품질은 Quality of Design이라 하고, 온라인 품질은 Quality of Conformance라 한다. 전자는 제품의 격을 의미하고 후자는 정밀성을 의미한다.

경험은 고정관념

일본에는 데밍상(Deming Prize)이 있다. 미국인 스승 '데밍'박사를 기리는 상이다. 데밍상에는 비단 일본 기업들만 도전하는 것이 아니라 선진 외국 기업들도 도전한다. 데밍상은 세계 전체 산업계의 노벨상이다. 데밍상 수상업체가 만든 제품은 눈 감고 사도 후회할 일이 없다. 우리나라 같으면 승전국이 낳은 석학을 모셔다 열심히 배우고, 그의 이름을 따서 산업계의 노벨상을 제정할 수 있겠는가? 수리공학적 품질관리! 그게 무엇인지 한 가지만 소개해 본다.

1950년대 당시 일본 타일 제조 회사들 중 '이나타일'이라는 회사가 있었다. 타일을 빚어 거대한 '로'에 구우면 타일의 사이즈가 균등하게 구워지지 않았다. 쥬란 박사의 가르침에 따라 이 문제를 프로젝트화했다. 도사급 전문가, 경험자들이 달려들어 의견을 냈다. 결론이 나왔다. "타일의 규격이 일정해지려면 기다란 '로'에 불길을 골고루 만들어 내야 하는데 그 누가 기다란 '로'에 불길을 골고루 만들어 낼 수 있겠느냐? 따라서 균등 사이즈에 대한 꿈은 실현이 불가능하다."

이에 젊은 수학자가 나타나 실험을 했다. 수학의 편미분 개념을 활용한 것이다. 타일을 구성하는 재질은 7가지였다. 6개 요소는 종전대로 집어넣고(other things beeing equal) 한 개씩의 요소에 대해 양을 가감해 가면서 구워보았다. 이런 실험을 7개 요소 모두에 대해 할 참이었다. 그런데! 석회의 분량을 2%에서 5%로 증가시키니까 불길의 강약에 관계없이 타일의 규격이 일정하게 나왔다. 이것이 수리공학적 품질관리의 웅변적 사례였다. 데밍 박사, 경험과 여론에 의해 의사결정을 하지 말고 오로지 수리적 결론에 의해 의사결정을 하라는 가르침의 결과였다.

한·일간의 시스템 격차

일본 품질관리는 그 자체가 시스템이다. 1993년 필자가 [시스템이냐 신바람이냐]라는 책을 냈을 때만 해도 대한민국에는 시스템이 무엇인지 그 의미조차 알지 못했다. 사전을 찾아보니 '체계', '조직' 뭐 이런 것들로 해석돼 있는데 감이 오지 않는다고 했다. 1993년 당시까지 한국에는 시스템이 없었다는 뜻이다.

07 배울 것 많은 일본의 노력

　필자는 은행 객장의 '순번대기번호표 장치'가 바로 시스템의 표본이라고 설명했고, 그로부터 시스템이라는 단어가 유행됐다. 은행 객장에는 질서가 없었다. 각 데스크 직원 앞에마다 손님들이 줄을 섰다. 새치기도 있었다. 흰 장갑을 낀 청경이 질서를 유지하지만 고객들은 무질서로 인해 신경을 쓰고 기분이 상했다. 사회의 저명한 식자들은 이 현상에 대해 '한국병'이라했다. 미국과 일본 등은 질서가 정연한데 한국의 은행들에는 무질서가 판을 친다면서 이를 민족성 탓이고 의식 탓이라고 진단했다. 바로 이 단계에서 필자의 시스템 전도가 시작됐다.

　"과거 한동안 은행 객장에는 질서가 없었다. 식자들은 이 무질서를 의식 탓이라고 진단했다. 그러나 이는 의식 탓이 아니라 시스템 탓이었다. 은행 객장에 순번대기번호표 시스템이 등장했다. 그 간단한 시스템 하나 설치되니까 우리도 선진국들처럼 질서가 좋아지지 않았느냐, 무질서는 의식 탓이 아니라 시스템 탓이었다. 우리 사회 곳곳에 무질서한 것은 거기에 시스템이 없기 때문이다. 시스템 사회를 만들려면 두뇌들을 유치해 시스템을 곳곳에 설치해야 한다.

　의식은 시스템의 산물이다. 세 대의 공중전화기가 있다. 한국 사람은 세 줄을 서고 미국 사람들은 한 줄을 선다. 짧은 줄을 선택해 섰더니 나중에 온 사람보다 더 오래 기다려야 했다. 이때 무슨 생각을 하겠는가? 일찍 와야 소용없다. 줄을 잘 서야 한다. 운이 좋아야 한다. 결국 요행이 차례를 결정한다는 생각을 하는 것이다. 그래서 점쟁이를 찾는 것이다. 반면 한 줄을 서면, 3대의 전화기 중 먼저 끝나는 전화를 먼저 온 사람이 차지한다. 논리가 차례를 정해주는 것이다. 이러한 선진국 시민에는 요행 의식이 아니라 논리 의식이 자라게 된다. 결국 시스템이 의식을 형성하는 것이다." 이상이 필자가 1993년 처음으로 사회에 던진 메시지였다.

싱가포르와 한국의 시스템 격차

1983년 싱가포르 창이 공항에 내렸다. 내리기 전 기체 내에서 안내 방송이 나왔다. 시내에서 공항까지는 거리가 멀기 때문에 손님은 택시 미터기 요금에 싱가포르 돈으로 5달러를 더 얹어주라고 했다. 택시를 기다리는 손님들이 전기장판 전기줄처럼 꼬불꼬불 줄을 섰다. 바닥에 선이 그어져 있었기 때문이었다. 좁은 공간에 사람을 차례대로 많이 세우는 방안이었다. 택시가 일렬로 들어와서는 7개 가닥으로 나누어 섰다. 한꺼번에 7대의 택시가 손님을 태우고 떠났다. 그후 10여 년이 지나도 김포공항에는 택시도 일렬, 손님도 일렬로 섰다. 한 번에 한 대 택시가 짐과 사람을 싣고 떠나야 두 번째 택시가 전진했다. 오래 기다리는 외국 손님들이 몹시 짜증을 냈다. 택시가 한동안 오지 않으면 손님은 더 많이 기다려야 했다. 싱가포르에서는 손님을 카운트하는 청년들이 있었다. 기다리는 사람을 세어서 택시회사에 연락하면 택시회사에서 손님만큼 택시를 보내주었다.

시너지라는 말을 모르는 사람은 없을 것이다. 시스템이 내는 에너지의 준말이다. 마을의 동쪽과 서쪽에 신발가게가 있었다. 하루에 열 켤레씩 팔렸다. 뚝뚝 떨어져 있던 가게를 한 곳으로 몰아놓았더니 하루에 100켤레씩 팔렸다. 당시 떨어져 있던 가게를 한 군데로 모았을 뿐인데 10배의 효과가 난 것이다. 각기 떨어져 있을 때는 낱개 가게였지만 합쳐놓으니까 '시장'이라는 시스템이 생긴 것이다. 10배의 효과를 낸 것은 바로 시장이라는 시스템이 만들어낸 효과인 것이다. 인쇄촌이 있고, 물류촌이 있고, 자동차 공장촌이 있다. 관련 업체들이 이웃에 종기종기 붙어있어야 하나의 완성품이 빨리 그리고 적은 물류 비용으로 생산될 수 있다. 먹자촌에는 음식 업체들이 경쟁을 한다. 하지만 먹자촌은 시너지 효과를 낸다. 이 사실을 모를 사람 없을 것이다.

그런데! 박근혜는 행정 수도를 서울과 세종시로 분할시켰다. 정부 부처는 서로 회의도 많이 한다. 청와대와 국회를 자주 드나들어야 한다. 민원인은 한 건의 민원을 처리하기 위해 서울, 과천, 세종시를 여러 차례 다녀야 한다. 공무원들과 그 가족들의 생활이 지옥이고, 공무원들의 시간이 도로에 다 증발되고 비용과 교통 혼잡이 이루 말할 수 없이 불필요하게 야기되었다. 이런 결정은 망국적 결정이다. 그런데 그 많은 반대를 무릅쓰고 박근혜는 어쩌다 한 약속을 지킨다며 오기로 일을 저지르고 말았다. 2012년 이후의 결정이었다. 일본의 한 작은 기업도 이런 무모하고 무식한 결정은 하지 않을 것이다. 이것이 한국과 일본의 국가 품격이고 과학의 차이다.

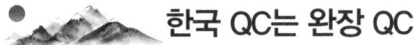 **한국 QC는 완장 QC**

전투를 생각해보자. 전투는 순식간에 이루어진다. 전투가 진행되고 있는 도중에 지휘관이 이래라저래라 소리치는 행위는 자멸 행위다. 병사들이 내일 싸워서 이기기 위해서는 지휘관은 오늘 싸워야 한다. 모의연습 즉 시뮬레이션을 다각도로 실시함으로써 병사들에게 내일 전투에서 발생할 수 있는 상황을 상상케 하고, 그 각각에 대해 병사들이 어떻게 대응할 것인가를 미리 상상케 함으로써 전투 시에 병사들 스스로 살아남는 요령을 터득하게 해주어야 한다. 실제 전투는 병사들의 응용능력으로 치러지는 것이다. 전쟁은 지휘관의 고함에 의해 치러지는 것이 아니다. 내일의 전투 결과는 오늘 지휘관이 어떻게 병사들을 준비시키느냐에 달려있는 것이다. 하지만 매우 안타깝게도 이러한 진리를 알고 있는 지휘관은 한국군에 거의 없다. 이러한 준비 마인드는 기업인들에도 없다.

제조과정 역시 전투행위와 똑같다. 내일 수백 명의 작업자가 어떻게 일하는가는 오늘 간부들이 무엇을 어떻게 무장시켜 주어야 하는가에 달려있다. 내일의 작업장에서 근로자들이 얼마나 시간을 낭비할지, 어떤 불량품을 만들어낼지는 오늘 관리자들이 어떻게 내일의 현장을 연출시키느냐에 달려 있는 것이다. 한국 QC는 참으로 한심하다. 1개월에 걸쳐 제작한 제품이 틀린 스펙과 틀린 디자인으로 제작돼있는 것이 오너 측 점검 단계에서 발견돼 엄청난 낭비가 발생하고 납기를 어겨 지체상금까지 보상해 내는 경우가 허다하다. 설계 자체, 스펙 자체가 맞는지 틀린지 체크하는 QC는 대한민국 기업에 없다.

일본의 사전 품질관리 방법

작업장은 공정의 연속이다. 첫 공정에서 두 번째 공정으로 제품이 이동하기 위해서는 QC요원(품질관리요원)을 기다려야 한다. 두 번째 공정으로 제품이 이동하기 전, QC요원이 나타날 때까지 대기하는 시간이 참으로 길다. 어떤 주문생산 공장에서는 QC요원을 기다리느라 하루를 보내는 경우도 있다. 그래도 QC요원들은 시간 낭비를 의식하지 않는다. 불합격을 받으면 재작업을 해야한다.

여기까지에 대해 일본 QC 요원들은 어떻게 하는가? 일본 QC요원들은 내일의 작업 내용에 대해 오늘 작업자들과 함께 제조과정에 대해 토의를 한다. 에러가 발생할 수 있는 것이 무엇이고, 무엇을 예방해야 하는지 지혜를 찾아낸다. 하자를 미리 예방하는 것이다. QC요원들은 작업자가 저지를 수 있는 에러를 미리 예측하고 그 시각에 나타나 작업과정을 지켜보면서 주의를 환기시킨다. 에러가 예방되고 시간도 낭비되지 않는다. 설계나 스펙이 잘못되는 경우도 없다. 일본 QC요원은 스승이고 코치다. 반면 한국 QC요원은 고압적이고 불친절하다. 작업자들에 한국 QC는 경찰관이다. QC요원만 가지고 비교해봐도 일본 기업은 인격적인 반면, 한국 기업에는 직급과 직종에 따라 인격적 차별이 만연해 있는 것이다. 일본은 비난의 대상이 아니라 배워야 할 스승이라는 사실이 QC분야에서도 드러나 있다.

08

한·일 문제의 정리

일본의 의미

지 / 만 / 원

08

한·일 문제의 정리

한·일 문제의 정리

한·일 우호관계에 걸림돌이 되는 문제는 크게 일곱 가지 정도로 정리될 수 있다.

1) 강제징용 문제에 대하여

대법원장 김명수와 주심 대법관 김능환이 주도한 배상 판결과 강제집행, 이들의 판결은 정당했는가? 한마디로 억지였다. 한·일 관계를 파탄내려는 것이 판결의 목적이었을 것이다. 한·일관계를 파탄내지 않기 위해 전임 대법원장 양승태가 시간을 끌어왔던 사건을 김명수가 벼락치기한 것이다. 이런 평가를 하는 것에는 두 가지 근거가 있다. 하나는 1965년 체결된 한·일 청구권 협정 제 2조 및 제 3항에 모든 종류의 배상이 다 배상되었다는 내용이 명시돼 있고, 또 다른 하나는 이 사실은 2005년 8월, 노무현 대통령이 주도한 '민관 공동위원회'에서 1965년 일본에서 받은 수상 자금 3억 달러에 강제징용에 대한 보상금이 다 반영돼있다는 결론을 냈고, 그래서 징용 보상을 요구하는 국민들에 대해 정부가 여러 차례에 걸쳐 보상을 해 준 역사가 있기 때문이다.

이 문제에 대해 윤석열 정부가 취한 한일 우호 협력 조치는 불행 중 다행이다. 반국가 이념을 가진 판사들이 저지른 국가 파괴 행위를 모두 조사해 바로잡는 국민운동이 절실하다. 피해자가 있었다면 국민을 보호해야 할 의무가 있는 국가를 상대로 소송을 해야지, 어째서 다른 나라 기업에 배상을 요구하는 것인가?

 2) 독도 소유권에 대하여

한국이 독도를 실효지배하게 된 계기는 1952년 1월 19일 이승만 대통령이 연안의 어업자원을 보호하려는 목적으로 평화선(Peace Line) 일명 Lee-Line을 선포한 데에 있었다. 당시 한국 연안은 일본 어선들의 앞마당이었다. 이에 분노한 이승만 대통령은 한국 해안으로부터 60마일(97km)까지를 영해로 한다고 선포했다. 독도는 60마일 범위 밖에 위치했지만 이를 계기로 독도를 실효지배하기 시작했다. 그리고 평화선을 침범하는 일본 어선에 대해 가차 없는 나포-억류하는 강경 조치를 취했다. 평화선에 대해 미국, 중국 등 국제 사회에서 국제법 위반이라는 여론이 있었지만 한국이 전쟁 중에 있는 국가라는 사실을 배경으로 계속 밀고 나갔다.

　1965년 한·일협상이 13년 8개월 계속되는 동안 가장 큰 걸림돌이 된 것이 독도 문제였다. 일본은 국제사법재판소에 판단을 맡기자고 주장한 반면 한국은 한국의 영토인데 왜 재판에 맡기느냐며 완강히 거부했다. 결국 독도는 한국이 실효지배하고 있지만 1999년 김대중은 신한일어업협정을 날치기 수법으로 주도해 독도 수역을 공동수역으로 정함으로써 일본에 많은 양보를 했다. 아마도 1971년부터 일본에 가서 반 국가활동을 하는 동안 일본 당국에 약점이 많이 잡혀 있었기 때문이었을 것이다. 반면 지난 2012년 이명박 대통령은 독도를 기습 방문함으로써 일본을 경악시켰다. 일본의 분노를 자극한 것이다. 비록 실효지배는 하고 있지만 조용하게 현상 유지만 해야지 소리가 나면 일본 감정이 자극되는 가장 민감한 존재가 독도다.

　실리적 측면에서 생각해보자. 독도를 지키기 위해 현장 관리자들이 엄청난 고생을 하고 있는데 반해 우리가 얻는 실익이 무엇인가? 언제까지 이런 고생을 시켜야 하는지, 무엇을 기대하고 이 고생을 하는 것인지 자문해야 할 시간이 되었다. "독도는 우리 땅이다". 그런데 "그 땅이 우리에게 주는 실익이 무엇인가?" 더구나 독도 수역은 일본과 공동으로 사용하는 공동수역이 돼 있다. 공동수역 안에 들어있는 바윗덩이 두 개, 그것이 대한민국에 무슨 선물을 줄 수 있을까? 아무리 '명분'이라고는 하지만 실익 없는 실효지배가 무슨 의미가 있는지 우리는 원점에서 생각할 필요가 있다. 얻는 것은 없는 반면 그것으로 인해 한·일 관계가 악화되면 재앙이 올 수 있다. 독도는 그야말로 지뢰 같은 존재는 될 수 있어도 열매를 줄 수 있는 사과나무는 아니다. 한·일 청구권 협상을 직접 담당했던 김종필 씨는 차라리 독도를 폭파시키고 싶다는 말을 했다고 한다.

독도! 어떻게 하면 좋을까? 필자의 상상으로는 한·일 우호의 상징으로 두 조각의 바위를 연결하여 한국과 일본이 공동 투자해 리조트 공간을 만들어 한·일 국민들의 만남의 장소, 교류의 장소로 승화시키면 어떨까 한다. 정박해 있는 세계 최고급 크루즈로 건설하여 국가 간 회담도 할 수 있는 명소로 만드는 것이 어떨까 한다. 이것이 한·일관계를 형제와도 같은 이웃 나라로 승화시키는 역사의 모뉴멘트가 될 수 있을 것이다.

3) 사과 문제

사과를 해야 한다고 끈질기게 주장하고 여론을 악화시키는 사람들 역시 반대한민국 세력이다. 사과는 그동안 10여 회에 걸쳐 할 만큼 했다. 더 이상 사과한다고 해서 내용이 더 달라질 것도 없다. 1960년, 1965년, 1982년, 1990년, 1992년, 1993년, 1995년, 1998년, 2010년.. 사과보다 더욱 중요한 것은 일본의 경제적 지원이다. 청구자금 말고도 일본은 1970년부터 '해외경제협력기금(OECF, Overseas Economic

Coorperation Fund)'을 통해 한국이 개발도상국의 지위를 탈출할 수 있도록 많은 차관을 제공했다. 우리가 일본으로부터 얻을 것은 경제적 호혜이지 잘못을 비는 사과(sorry)가 아니다. 더 이상의 사과가 왜 필요한가? '사과' 요구는 마치 위장취업자가 기업을 도산시킬 목적으로, 회사로서는 도저히 들어줄 수 없는 요구를 계속 주장하는 찜짜행위와 그 성격이 같은 것이다. 이제 국민들은 일본에 사과를 요구하는 사람들을 반국가세력으로 의심해야 할 것이다. 일본은 더 이상 사과할 필요가 없다. 앞으로 100번을 더 사과해도 저 사람들은 더 하라고 찜짜들을 붙을 것이다. 양심 있는 세계 시민이라면 사과를 요구하는 대신 그동안의 지원에 대해 고마움을 느껴야 할 것이다.

4) 역사 교과서 문제

한·일간에는 역사에 관한 갈등이 있다. 자존심 싸움인 것이다. 한국인들은 "유구한 반만년 역사"를 입에 달고 산다. 하지만 역사는 '오늘'에 다 쓰여있다. 왕년에 금송아지 없었던 가문 없고 금송아지 없었던 개인도 없다. 사람의 이력과 스펙은 현재의 얼굴에 다 나타나있다. 마찬가지로 대한민국의 역사 역시 오늘의 대한민국 모습에 다 쓰여있다. 오늘의 일본 얼굴이 일본의 역사이고, 오늘의 대한민국 얼굴이 곧 대한민국 역사인 것이다. 일본과 과거를 놓고 자존심 대결을 한다는 것은 그 자체가 넌센스다.

일본의 의미

유구한 반만년 역사 중 2,000여 년은 중국의 시종 국가로 살았다. 중국 왕에게 조선 왕이 공물과 여자들을 바치고 고개를 숙이고 무릎도 꿇었다. 일본통치 36년도 있었다. 대한민국 역사는 75년이다. 75년 중 20년은 북한 김씨 왕조에 고개 숙이고, 달러와 물자를 바치고, 대한민국 역사를 북한이 써준 치욕적인 역사였다. 일제 36년 역사는 고정관념과 미신과 게으름과 전염병과 노예근성을 타파하는 개화와 학습의 시간이라 할 수 있지만, 대한민국 75년 역사 중 20년의 역사는 북한 김씨 왕조에 충성하는 치욕의 역사였다. 이런 역사를 가지고 있으면서, 일본보다 경제력도 약하고, 일본인만큼 세계 무대에서 대우받지 못하고, 노벨상 수상자도 없으면서 일본과 역사 논쟁을 벌이는 것은 그 자체가 무용할 뿐만 아니라 수치다. 일본과 역사 싸움을 해서 얻는 것이 무엇인가? 비웃음 당하는 일밖에 없다.

차라리 일본과 나란히 앉아 공동의 역사를 쓰는 것이 어떠할까? 독일과 프랑스, 독일과 폴란드, 독일과 이스라엘이 공동의 역사책을 집필했듯이 양국의 자존심을 건드리지 않는 건설적인 역사를 써서 공유하면 양국은 더욱 가까워질 것이다. 화해는 양측에서 상대측의 입장을 이해하려는 노력에서 가능해진다. 독도 '만남의 광장'은 한·일이 피차의 역사를 존중하고 공유하는 상징적 모뉴멘트가 될 수 있을 것이다.

 **5) 야스쿠니 신사 참배 문제**

1945년 제2차 세계대전과 태평양전쟁(대동아전쟁)이 종결되자 연합국 측은 '뉘른베르크재판'과 '동경재판'을 통해 전범들에 대한 재판을 열어 1) 세계 평화를 해친 죄 2) 반인류적 범죄 3) 포로 학대죄를 물었다. 동경재판은 1946~48년까지 만 3년이나 열렸고, 재판관은 미국, 영국, 소련, 중국, 호주, 필리핀 등 승전국 대표들로 구성되었다. 전범은 A, B, C급으로 구분됐고, A급 전범은 25명이었다. 이 25명 중 7명의 주모자급들을 가장 먼저 교수형에 처했고 나머지 A급 전범에 대해서는 미·소관계에 대한 미국의 입장 변화로 재판을 중단했다. 그리고 1958년 모두 석방했다. 이 중 기시 노부스케는 훗날 일본 수상이 되었고, 친한파로 한국에 많은 도움을 주었다.

바로 먼저 처형당한 A급 전범 7명의 유해가 지방 신사에서 동경 소재 야스쿠니 신사로 옮겨졌다. 한국 국민 일부가 문제 삼고 있는 것은 일본 정치인들이 이들 7명의 유해가 포함돼있는 신사를 참배한다는 것이다. 이들이 이것을 문제 삼는 이유는 1) 일본 군국주의가 부활할 수 있다는 것이고 2) 재침할 가능성이 있기 때문이다는 것이다. 이유가 참으로 한심하다. 군국주의가 부활하고 재침을 하는 것이 야스쿠니 신사 참배에 의해 동력을 얻는다는 것은 찜짜붙기위한 주장일 뿐 논리적 이유가 될 수 없다.

일본의 의미

　일본의 전쟁 범죄는 1941년 일본이 진주만을 공격하여 세계 평화를 해치고 주로 미국군에 대해 저지른 반인류적 범죄와 포로 학대 등의 행위다. 조선은 당시 일본의 속국이었기 때문에 일본이 미국에 대해 저지른 범죄를 재단할 입장에 있지 않다. A급 전범과 한국과는 아무런 관계가 없다. 만일 야스쿠니 신사 참배를 문제 삼아야 한다면 그 7명의 A급 전범을 사형 집행한 재판국인 미국, 영국, 호주, 소련, 필리핀 중 어느 나라가 먼저 나서서 문제 삼아야 그림이 된다. 그런데 이 전승국들이 함구하고 있는 사안에 대해 당시 패전국의 식민지에 불과했던 한국이 나서서 소란을 피우는 것은 그야말로 주제와 분수를 모르는 자기 비하 코미디쇼다.

　1972년 일·중 국교 수립을 위해 다나카 일본 수상이 모택동에게 사과를 했다. "일본이 과거에 중국에 심대한 고통을 안겨드린 점을 죄송하게 생각합니다" 이에 모택동이 펄쩍 뛰면서 말했다 한다. "죄송하다니요. 아닙니다. 일본 때문에 내가 중화민국을 건국할 수 있었습니다. 일본은 고마운 존재입니다." 역시 모택동의 통이 큰 것이다. "일본이 가까이 있었기에 조선이 개화되었고, 일본의 도움으로 경제성장을 이룩했지요. 일본은 고마운 존재입니다." 이렇게 말할 수 있는 통 큰 리더가 탄생되기를 바란다. 그리고 야스쿠니 문제는 일본의 양식에 맡길 성격의 문제이고, 일본의 가치판단에 맡겨야 할 문제다. 우리가 참견하기엔 우리 얼굴이 너무 부끄럽다.

 **6) 위안부 문제**

일본군 위안부 시스템은 비난의 대상이 아니라 사회의 성적 욕구를 해소시킬 거의 유일한 수단으로서의 연구 대상이 되고 모델이 되어야 할 대상이라고 생각한다. 일본군 위안부 모집에 일본이 국가 차원에서 공식적으로 관여했다는 증거는 없다. 국민들이 알고 있는 선입관은 정대협을 중심으로 하는 좌파 세력이 왜곡 모략한 내용들이다. 거의가 다 사실이 아니다. 2015년 12월 28일 아베-박근혜에 의한 합의로 '화해치유재단'이 설치되고, 일본이 10억 엔의 기금을 제공했다. 이것으로 종결해야 국가로서의 자격을 갖춘 국가가 된다. 그런데 김정은에 충성하고, 평양 능라도 연설을 통해 남한을 북에 종속시키는 발언까지 했던 문재인은 2018년 11월, '화해치유재단'을 해체하고, 위안부에 대해서는 정부가 더 이상 관여하지 않겠다고 선포했다. 이는 인격도 아니고 국격도 아니었다.

윤미향의 독무대처럼 운영돼오던 정대협이 2018년 7월 16일 '정의기억연대'로 조용하게 이름을 바꾸어 사실상 무대 뒤로 사라지고, 아울러 윤미향이 금전적 문제와 친북 반국가적 행보를 연달아 노출시킨 데다 박유하 교수 등 위안부 연구자들에 대한 무죄판결이 잇따르면서 좌익들의 일본군 위안부 왜곡 행위는 더 이상 먹혀들 소지가 없다. 대한민국 땅에 있는 소녀상, 국제사회에 있는 소녀상은 대한민국 여성들에 대한 능욕이자, 주홍글씨이며, 국격을 훼손하는 반국가행위의 현

행범과 같은 불결한 존재다.

7) 욱일기 문제

2018년 10월 11일, 문재인 정권 때에 진해에서 국제 관함식이 열렸다. 미국을 위시한 여러 나라로부터 군함들이 총집결하여 김정은에게 연합군의 위력을 보여주려 했지만, 문재인과 그 추종세력들이 일본 군함에 게양된 욱일기를 문제 삼아 일본을 문전 박대했다. 딴지는 욱일기로 걸었지만 속내는 김정은에 대한 아부이고 충성이었다. 욱일기는 일본 해군을 상징하는 제2의 국기다. 그 깃발이 문제 삼아야 할 대상이라면, 일본의 침략을 받았던 미국과 필리핀과 호주, 중국 등이 나서야 한다. 그런데 침략당한 당사자 국가들도 모두 너그럽게 바라보고 있는데 유독 비난의 자격조차 없는 한국이 튀어나와 이를 문제 삼는 것은 분수에도 어긋나고 체신을 깎는 푼수 행위다. 그야말로 찜짜붙기다.

소결

이상에서와 같이 한·일 관계를 악화시켜온 일곱 가지 문제를 살펴보면 위 사안들은 논리적이지도 않고 사실과도 어긋나며 국가 체신만 깎아내리는 찜짜붙기였다. 이런 것들로 인해 앞으로 한·일 양국이 낼 수 있는 거대한 시너지 효과를 차단시킬 수는 없다. 우리가 대승적 포용력을 과시하려면 일본에 대해 환하게 웃어야 한다. 내가 조금만 웃으면 상대방도 조금만 웃는다. 내 계산이 쪼잔하면 상대방 계산도 쪼잔해진다. 내가 활짝 웃고 큰 계산을 하면 상대방도 크게 웃고 대범해진다. 이번에 윤석열 대통령이 일본에 대해 취한 제스처는 한·일 협력의 미래를 활짝 여는 매우 귀중한 조치였다. 앞으로 한국과 일본이 낼 시너지 효과에 대해 세계는 부러워할 것이고, 지배-피지배 관계에 있었던 지구상의 모든 나라들에 롤모델이 될 것이다. 이것을 여는 지도자가 세계적 인물이 될 것이다. 앞으로 한국 국민은 물론 일본 국민들도, 공동의 발전을 훼방해온 대한민국 내의 용공분자들과 조총련 등 일본 내의 용공주의자들의 암약 행위를 차단하기 위해 정부와 국민 차원에서 공히 '기생충 박멸 작전'을 펴야 할 것이다.

에필로그

 **150여년 전의 일본 민주주의**

150여 년 전 일본 계몽에 앞장섰던 후쿠자와 유키치는 관직을 갖지 않았던 무관의 리더(uncrowned leader)였다. 1866년, 그는 미국, 영국, 네덜란드 등 선진국들을 여러 해 동안 다니면서 서양문명을 관찰했다. 미국에 1년 동안 머무르면서 미국 사회의 발전상을 수많은 분야에 걸쳐 자세하게 소개하는 내용으로 [서양사정]이라는 책을 내 일본인들을 계몽했다. 1872년에는 [학문의 권장]이라는 또 다른 책을 내 일본은 부지런히 학습을 해야 한다고 강조했다. "사람 위에 사람 없고, 사람 밑에 사람 없다"는 말로 미국식 민주주의의 핵심인 '평등사상'을 전파했고, 개인의 독립 없이는 국가의 독립도 없다는 말로 국가보다 개인의 자유를 앞세웠다. 집단의 이익을 개인의 자유보다 더 중요하다고 여기는 사상이 전체주의이고, 집단 이익보다 개인의 자유를 앞세우는 것이 민주주의 이념

이다. 일본은 150여 년 전에 미국식 정통 민주주의를 시작한 반면, 대한민국은 지금 이 순간까지도 집단의 이익이 개인의 자유를 억압하고 있는 갑질국가이자 준·전체주의 국가다.

일본의 도덕적 민주주의 뿌리

1840년을 전후해 일본에 태어난 두 인물, 시부사와 에이치는 가장 부패하기 쉬운 일본 기업에 도덕을 강론했다. "주판은 오로지 도덕률 아래서만 두어라." 후쿠자와 유키치는 "개인의 독립 없이는 국가의 독립도 없다. 사람 위에 사람 없고 사람 밑에 사람 없다"는 말로 일본 민주주의의 기반을 제공했다. 두 사람이 일본을 도덕적 민주주의 국가로 터잡게 한 것이다. 이는 말뿐이었는가? 아니다. 이 두 사람의 가르침은 일본인들의 생활 속에 생리화돼 있다. 일본의 품질 문화! 단 한 사람의 기분이 상해도 연쇄적인 인간 접촉에 의해 많은 사람들의 기분이 상하고, 많은 사람의 기분이 상하면 품질이 훼손된다는 일본의 종교가 있다. 모든 사회 공간에서 예의를 지키고, 친절을 생활화시킨 생리적 습관이 있다. 이 두 가지가 말 따로 행동 따로가 아니라는 것을 증명한다. 갑질 문화가 번식할 공간이 없는 것이다. 일본에는 우리가 학습할 내용이 많고 경제적으로 도움을 받을 게 너무 많다. 자긍심과 용기 있는 사람만이 남으로부터 배운다.

 150여 년 후의 한국 민주주의

반면 이로부터 150여 년이 지난 우리 현실을 보자. "단 한 사람의 자유라도 침해받는 나라는 자유민주주의 국가가 아니다." 윤석열 대통령의 말이다. 모든 지구촌 사람들로부터 박수받을 수 있는 참으로 멋진 말이었다. 그런데 현실은 어떠한가? 수많은 국민이 5.18세력의 세도 앞에 탄압받고 있다. 5.18세력은 대규모 카르텔이다. 그 카르텔의 가장 커다란 구성원이 바로 윤석열 대통령이다. 수많은 국민의 자유를 직접 탄압하고 있는 인물이 바로 윤석열 대통령인 것이다. 말 따로 행동 따로, 이것이 대한민국 민주주의의 슬픈 현주소다.

특정 역사에 대한 특정인들의 역사관이 헌법정신에 반영될 수 있는 것이라고 생각하는 사람이 어떻게 대통령이고 대법원장이고 여야당 대표들인 것인지, 민주주의의 정의(Definition)를 알고 있는 사람으로서는 도저히 믿기지 않는다. 민주주의를 구동하는 엔진은 표현의 자유가 보장된 '공론의 장(Opinion Market)'이다. 그런데 대통령과 여당과 야당과 사법부 수장들 모두가 특정 세도 집단의 견해와 다른 견해를 가진 국민들의 발언을 공론의 장에 오르지 못하게 하고 있다. 특정 세도 집단의 견해가 곧 국민 눈높이라는 것이다. 대한민국 사회가 코미디 사회로 퇴화돼 가고 있는 증거다. 덜 배운 사람들의 지식, 학습하지 않은 사람들의 지식은 국민 눈높이이고, 많이 배우고, 많이 학습해서 습득한, 그래서 국민을 계몽시킬 수 있는 높은 지식은 국민 눈높이에 어긋난다? 천동설은 국민 눈높이이고, 지동설은 낯이 설어서 국민 눈높이에 어긋난다? 대한민국이 왜 이렇게 추접하게 세속화되고 있는지, 가슴이 막힌다.

 민주당의 종교는 5.18, 국힘당의 당헌도 5.18, 1중대와 2중대 차이

2024년 3월 14일자 뉴스들에는 대통령실 황상무 시민사회수석의 발언이 국민 눈높이로 재단됐다. "5.18 시위대에 훈련받은 누군가가 있지 않고서야 어떻게 그렇게 조직적으로 움직일 수 있느냐"는 발언이 5.18에 북한군 개입을 주장하는 말이고, 그래서 5.18정신을 폄훼한 발언이라며 국민 눈높이를 벗어났다고 멍석말이를 당해 사퇴했다. 이보다 3~4일 전에는 국민의 힘에서 공천을 받은 도태우 변호사가 여러 해 전 "5.18에 북한군이 개입했다는 것은 상식이다"는 발언을 했다 해서 멍석말이를 당한 후 공천 지위를 박탈당했다. 5.18에 대해 표현의 자유가 없는 것이다. 부끄러운 국민의 자화상이 아닐 수 없다. 당 대표의 국민 눈높이를 위반했다는 것이다. '국민 눈높이'는 좌익사상에 세뇌된 사람들이 갑질을 정당화하기 위해 지어낸 요설적 언어 도구로 대한민국 민주주의의 후진성을 웅변하는 주홍글씨로 기록될 것이다. 5.18의 신격화!

국민은 혼란스러워한다. 국민의힘과 민주당은 서로 치고박고 싸운다. 그런데 국힘당은 5.18을 당헌에다 신격화했고, 민주당에게는 5.18이 종교다. 이념적으로 민주당은 1중대이고, 국힘당은 2중대인 것이다. 1중대를 찍느냐, 2중대를 찍느냐, 이것이 혼란스러운 것이다.

 학습이 생리인 일본, 학습이 골치 아픈 한국

민주주의의 기본에서조차 한국과 일본 사이에는 150년 이상의 격차가 존재한다. '국민 눈높이'와 같은 개념은 학습이 조금만 있어도 자유민주주의 국가에 어울릴 수 없는 것이라고 생각들 할 것이다. 한국과 일본의 차이, 한마디로 표현한다면 학습의 차이다. 학습에 대한 자세 및 습관의 차이인 것이다. 일본에는 우리가 학습할 내용이 많고 경제적으로는 도움을 받을 게 너무 많다. 자긍심과 용기 있는 사람만이 남으로부터 배운다.

끝